DELIUS KLASING

KARSTEN MIGELS: VOM TRAUM ZUR TOUR

Wie verbringt man als Jugendlicher seine Freizeit, wenn man in einer eher ländlichen Gemeinde aufwächst? Richtig, man spielt Fußball. Ich tat dies beim örtlichen SC Reute, in einer kleinen Ortschaft in Südbaden, nur ein paar Kilometer von der französischen Grenze entfernt.

Richtig ist aber auch: Mein damaliger Trainer Fritz Ganter drückte mir irgendwann fünf Mark in die Hand und riet mir, es doch besser mit einer anderen Sportart zu probieren. Er hatte schon recht bald gemerkt, dass Fußball nicht das Richtige für mich war. Ich verstand zunächst die Welt nicht mehr, hatte ich es doch trotz fehlenden Talents geschafft, mit der Mannschaft in der Saison 1975/76 Herbstmeister zu werden. Dazu hatte ich allerdings nicht wirklich viel beigetragen, war ich doch mehr auf der Ersatzbank als auf dem Spielfeld zu finden gewesen. Immerhin kann ich heute mit Recht behaupten, dass es ein Foto als Beweis meiner (ersten und einzigen) Meisterschaft im Fußball gibt.

Solcherart Beweise sollten sich bald häufen, allerdings in einer anderen Sportart. Durch meinen Schulfreund Christian Siegel angeregt, wollte ich mich bei meinem nächsten sportlichen Versuch wie er dem Radsportverein Concordia Reute anschließen. Dieser Weg war aber etwas schwieriger als gedacht. Denn um ordentlich Radsport zu betreiben, benötigt man ein Rennrad, und das konnten mir meine Eltern – mein Vater war Alleinverdiener einer siebenköpfigen Familie – nicht finanzieren. In den ersten Monaten ließ sich das noch ignorieren, denn das sogenannte Wintertraining in Form von Kraft-, Ausdauer- und Schnelligkeitsübungen fand in der Mehrzweckhalle der Gemeinde statt. Hätte mir damals jemand gesagt, dass dieser Einstieg in den Radsport mein weiteres Leben prägen würde, ich hätte es ihm sicher nicht geglaubt. Schließlich wollte ich nicht in einer Halle beim Stemmen von Medizinbällen, beim Klettern an Stangen und Seilen oder mit anderen merkwürdigen Übungen meine Form aufbauen – ich wollte auf einem Rennrad sitzen und durch die Gegend fahren!

Irgendwann war der Winter dann vorbei. Mein beständiges Nerven sorgte dafür, dass unsere Trainer Adelbert Kromer und Heinz Kleeb mir ein dem Verein gehörendes weißes Rennrad der Marke Mercier unter den Hintern schoben. Ich war stolz wie Oskar und drehte schon bald meine ersten Runden in Richtung Tuniberg und Kaiserstuhl.

Mein erstes Rennen durfte ich überraschenderweise schon im Frühjahr 1976 fahren. Ich schlage noch heute die Hände über dem Kopf zusammen, wenn ich daran denke, dass ich an diesem Sonntag in Gottmadingen am Bodensee mit roten Kniestrümpfen an den Start gegangen bin. Ich habe keine Ahnung, wie meine Mutter damals auf die Idee kam, mir diese knallroten Kniestrümpfe mitzugeben. Bis heute ist die Erinnerung daran eine Art Trauma, das immer wieder wach wird, wenn ich Radsportler mit schwarzen oder farbigen Strümpfen sehe, und diese womöglich noch bis über die Waden hochgezogen sind.

Obwohl es bei diesem ersten Rennen nicht gereicht hatte, um ganz vorne mitzufahren, waren meine Trainer, meine Eltern und vor allem ich doch zufrieden und bereits vom Virus Rennrad infiziert. Schon am kommenden Wochenende stand ich wieder an einer Startlinie, und es dauerte nur ein paar Wochen, bis ich zum ersten Mal als Sieger ins Ziel kam.

Wir hatten bei uns im Verein eine sehr gute Kameradschaft, und mindestens zweimal in der Woche spulten wir unter Anleitung eines Trainers ordentlich Kilometer ab. Sieht man die aktuelle Anzahl an Fernsehübertragungen von Radrennen, dann ist es kaum noch vorstellbar, dass es vor 40 Jahren noch keinen Livestream via Internet gab und einzig und allein die öffentlich-rechtlichen Fernsehsender ein paar Szenen übertrugen. An *Eurosport* und eine Übertragung vom Start bis zum Ziel jeder einzelnen Tour-de-France-Etappe war noch gar nicht zu denken. In Südbaden jedoch wohnten wir im grenznahen Bereich und hatten das Privileg, unter anderem die Reportagen über die Radsport-Klassiker über das Schweizer Sendesignal empfangen zu können. Von diesen Übertragungen war ich damals schwer begeistert und versuchte, während der etwas langweiligeren Trainingsrunden meine Kumpels mit der entsprechenden Reportage vom vergangenen Wochenende zu unterhalten. Gerne kommentierte ich auch das Trainingsgeschehen, so gut es ging, mit angelerntem Schweizer Akzent und sorgte damit immer wieder für Stimmung.

Ich war so von dieser Sportart, von den Kommentatoren und den Rennfahrern begeistert, dass die Stars der damaligen Zeit schnell zu meinen Vorbildern wurden. Ob Klassiker- und Sprint-Spezialisten wie Francesco Moser, Freddy Maertens, Roger De Vlaeminck, Jacques Esclassan oder die damaligen Rundfahrer Joop Zoetemelk, Michel Pollentier, Lucien Van Impe und natürlich Eddy Merckx und Patrick Sercu – sie alle hatten es mir angetan.

Im Juli 1976 sollte ich dann zum ersten Mal persönlich mit der Tour de France in Kontakt kommen. Die 63. Austragung der Tour war in Saint-Jean-de-Monts in der Vendée, genauer gesagt am dortigen Strand Merlin-Plage, gestartet worden und hatte nach dem Prolog mit dem Belgier Freddy Maertens den ersten Träger des Gelben Trikots. Maertens, der im selben Jahr in Italien Weltmeister werden sollte, verteidigte es durch die Vogesen bis zur ersten Bergankunft in Alpe d'Huez.

Da die Vogesen nur etwa anderthalb Autostunden von Reute entfernt liegen, machten wir uns mit dem Kleinbus des Vereins auf den Weg zum Grand Ballon, dem mit 1.400 Metern höchsten Berg in den Vogesen. Heute weiß ich, dass die Vogesen die ersten Berge der Tour de France waren und bereits 1905 zum ersten Mal befahren wurden. 1976 hatte ich davon keine Ahnung – was wussten wir damals schon über die Geschichte der Tour? Wir warteten an diesem sonnigen 1. Juli einige Stunden auf das Feld und vertrieben uns mit der Werbekarawane die Zeit, bis es dann irgendwann so weit war. Schneller als gedacht war es auch schon wieder vorbei, und ich war zumindest glücklich darüber, dass Gelbe Trikot mit Freddy Maertens irgendwo im Feld entdeckt zu haben. Heute wäre es selbstverständlich, sich noch an Ort und Stelle vor den Fernseher, das Tablet oder Smartphone zu setzen, um das Etappenfinale nicht zu verpassen. Wir jedoch waren mit unserem Bus auf der Rückfahrt und erfuhren erst viel später davon, dass Maertens den Sprint in Mulhouse gewann und das Gelbe Trikot verteidigte.

Ein Jahr danach kam der Tross der Tour bereits zum dritten Mal nach Freiburg im Breisgau. Dort verbrachten die Fahrer am 14. Juli 1977 den zweiten der beiden Tour-Ruhetage. Heute wäre es unvorstellbar, dass am französischen Nationalfeiertag ein Ruhetag abgehalten wird, noch dazu im Ausland. Am nächsten Tag wurden zwei sogenannte Halbetappen ausgetragen, und der erste Teil ging im Freiburger Stadtteil Stühlinger zu Ende. Meine Vereinskollegen und ich waren die 15 Kilometer aus Reute angereist, drängten uns irgendwo unter die Zuschauer und genossen die großartige Atmosphäre.

Die Begeisterung hatte ihren Grund: In diesem Jahr hatte Didi Thurau aus Frankfurt den Prolog im südfranzösischen Fleurance mit vier Sekunden Vorsprung vor seinem TI-Raleigh-Teamkollegen Gerrie

Knetemann und acht Sekunden vor Eddy Merckx gewonnen. Der 22-Jährige trug das Gelbe Trikot anschließend durch die Pyrenäen, die Bretagne und die Normandie bis nach Freiburg und hätte um ein Haar in der Eschholzstraße auch noch den Sprint um den Etappensieg für sich entschieden, aber Patrick Sercu und Rik Van Linden waren etwas schneller. Direkt im Anschluss wurden die Fahrer in Busse verfrachtet, damit um 14 Uhr im elsässischen Altkirch zur zweiten Hälfte der 13. Etappe nach Besançon gestartet werden konnte. Der »blonde Engel« Thurau verlor einige Tage später in den Alpen das Führungstrikot an den späteren Sieger Bernard Thévenet, aber ich war nach diesen beeindruckenden Tagen endgültig vom Mythos Tour de France gefangen.

Meine Vereinskollegen und ich träumten davon, Radprofis zu werden, und während unserer Trainingsfahrten trugen wir – sofern sie irgendwie zu bekommen waren – die begehrten Trikots unserer Idole. Das waren die schönen Wolltrikots der Mannschaften TI-Raleigh, Gan Mercier Hutchinson, Gitane Campagnolo oder La Vie Claire, und wer es besonders gut machen wollte und es sich leisten konnte, der trug das zu seiner Rennmaschine passende Trikot.

1981 nutzten wir erneut die Chance, der Tour möglichst nahe zu kommen, als in Mulhouse eines von vier Einzelzeitfahren ausgetragen wurde. Ich erinnere mich noch sehr genau an diesen heißen Tag im Juli und den Zielbereich im dortigen Sportstadion. Es war Bernard Hinault, der bereits 1978 und 1979 die Tour gewonnen hatte, der nach seinem verletzungsbedingten Ausscheiden 1980 der Konkurrenz jetzt erneut das Hinterrad zeigte. *Le Blaireau* (»der Dachs«), wie Hinault aufgrund seiner cleveren Fahrweise genannt wurde, gewann nach Nizza und Pau auch das Zeitfahren im Elsass vor dem Niederländer Gerrie Knetemann, verteidigte das *Maillot Jaune* über die nächsten acht Etappen und gewann die Tour schließlich zum dritten Mal.

Ich war in meinem Jahrgang inzwischen einer der Besten auf nationaler Ebene und Mitglied der Cross-Nationalmannschaft. Neben vielen Titeln bei Landesverbandsmeisterschaften gehören Medaillen bei

Deutschen Meisterschaften und die Teilnahme an der Cross-WM 1982 im bretonischen Lanarvily zu meinen größten Erfolgen.

Mit meinem 20. Geburtstag stand das Thema Grundwehrdienst an, und ich wollte mich durch ein Rennen zur Aufnahme in die Sportfördergruppe der Bundeswehr qualifizieren. Eigentlich kein Problem, denn ich war bereits 1983 – im ersten Jahr als Amateur – vom C-Fahrer zum A-Fahrer aufgestiegen und hatte diese Resultate immer wieder bestätigt. Bis zum 6. Mai 1984. Dieser Sonntag sollte meinem Leben eine andere Richtung geben.

Eigentlich war das Rundstreckenrennen »Im Entennest« in Herbolzheim ein flaches und daher recht einfaches Rennen. Aber in der zwölften. von 45 zu fahrenden Runden touchierte ich das Heck eines an der Strecke abgestellten Fiat Ducato, das über die Bordsteinkante hinaus auf die Fahrbahn ragte. Ich wurde mit schweren Verletzungen in die Freiburger Uniklinik eingeliefert. Neben einem Bänderriss an der rechten Schulter machten mir damals vor allem die gebrochenen Rippen und der dadurch entstandene Pneumothorax zu schaffen. Seitdem weiß ich, was es bedeutet, wenn man keine Luft mehr bekommt und das Gefühl hat, ersticken zu müssen. Glücklicherweise waren die Ersthelfer gut geschult und versorgten mich schon an der Unfallstelle mit Sauerstoff.

Aber anstatt weiter Rennen zu fahren und mich für die Sportfördergruppe zu qualifizieren, lag ich nun im Krankenhaus und versuchte anschließend, irgendwie wieder fit zu werden. Das Jahr 1984 war ein verlorenes Jahr, auch wenn der darauffolgende Winter im Gelände gar nicht so schlecht war und die guten Resultate mir die Zuversicht gaben, dass es auch auf der Straße bald wieder laufen würde. Zudem bekam ich vom Radsportverein Freiburg das Angebot, diesem Verein beizutreten und parallel eine Arbeitsstelle bei der Stadt Freiburg anzutreten.

Am Vormittag am Schreibtisch und am Nachmittag auf dem Rad zu sitzen ist eigentlich eine ideale Kombination, um das Ziel Radprofi zu verfolgen. Aber während heute sehr systematisch und per Computer gesteuert trainiert wird, gab es für mich in den 80er-Jahren nur ab und an eine Leistungsdiagnostik in der sportmedizinischen Abteilung der Freiburger Uniklinik, ein paar Tipps vom Trainer und das eigene Wissen, um meine Leistung zu verbessern. Alles in allem muss es wohl nicht die richtige Mischung gewesen sein. Nachdem ich mich auch 1985 nicht für die Sportfördergruppe qualifizieren konnte, wobei dem auch ein paar verbandspolitische Entscheidungen im Weg standen, gab ich schließlich mit 21 Jahren meinen Traum vom Berufsradsportlerdasein auf.

Nach anderthalb Jahren war der Vertrag mit der Stadt Freiburg beendet. Ich leistete meinen Wehrdienst in der Böblinger Wildermuth-Kaserne als Soldat im Geschäftszimmer der Kompanie ab und arbeitete im Anschluss zunächst in einem Fahrradgeschäft. In dieser Zeit ließ mich der Gedanke, die Leidenschaft Radsport doch noch zum Beruf zu machen, nie wirklich los. Ich hatte immer noch einen sehr guten Draht zu früheren Vereinskollegen wie Jürgen Eckmann aus Kirchzarten, und über ihn und mit etwas Glück konnte ich tatsächlich 1992 mein erstes Rennen moderieren. Und das war nicht irgendein Rennen, sondern nach Berlin 1991 der zweite Mountainbike-Weltcup-Wettbewerb, der in Deutschland stattfand. Kirchzarten war damals so etwas wie das Mekka des MTB-Sports in Deutschland und richtete neben Deutschen Meisterschaften 1995 auch die Weltmeisterschaften im Cross-Country und Downhill aus.

Am 21. August 1992 stand ich also mitten im Wald beim sogenannten Hexenhäuschen und informierte die Zuschauer über das Rennen und die Sportler. Und so schlecht kann mein erster Auftritt als Sprecher damals nicht gewesen sein, denn direkt im Anschluss erhielt ich weitere Anfragen – vom MTB McDonalds Cup, dem Vorgänger der heutigen Bundesliga, bis hin zu allen möglichen Meisterschaften in Sachen Mountainbike.

Als Sprecher hatte ich mir in der Szene bald einen Namen gemacht. Ich schrieb Artikel für einschlägige Magazine und moderierte diverse

Veranstaltungen, als mich im April 1997 Rainer Gerster anrief, damals Teamchef des erfolgreichen MTB-Teams GT mit Regina Marunde, Juli Furtado und dem Freeride- und Trial-Spezialisten Hans »No Way« Rey und vielen mehr. Er erzählte mir, dass der Fernsehsender *Eurosport* ihn angerufen hätte und für das Weltcup-Rennen im saarländischen St. Wendel einen Experten suchen würde. Nachdem seine Sportlerin Regina Marunde diesen Job wegen anderer Verpflichtungen nicht annehmen konnte, hätte er sofort an mich gedacht.

Er gab mir die entsprechende Telefonnummer. Und schon am 27. April 1997 fand ich mich zum ersten Mal an einem *Eurosport*-Mikrofon wieder. Der damalige Kommentator Ingolf Cartsburg (der heute mein Chef ist) bedankte sich hinterher und war mit dem, was ich als MTB-Experte zu erzählen hatte, offensichtlich ganz zufrieden. Schließlich fragte er: »Kennst du dich auch im Straßenradsport aus, und könntest du dir vorstellen, für *Eurosport* solche Rennen zu kommentieren? Um in Zukunft besser aufgestellt zu sein, benötigen wir noch einen weiteren Kommentator.«

Er ließ mir die gewünschte Bedenkzeit, rief aber schon einige Tage später mit der überraschenden Frage an, ob ich aus der Pariser Zentrale heraus die Katalonien-Rundfahrt kommentieren könnte, denn *Eurosport* hätte zu diesem Zeitpunkt schon zwei Rennen im Programm und bräuchte einen zusätzlichen Kommentator. Ich hatte mich inzwischen ohnehin schon für *Eurosport* entschieden ...

Nur wenige Tage vor meinem geplanten Flug kam dann ein weiterer Anruf aus Paris mit dem Angebot, die Katalonien-Rundfahrt gegen die Tour de Suisse zu tauschen, da Kommentator Peter Woydt leider wegen einer Krankheit ausfallen würde, eventuell für länger. In Erinnerung an meine Zeit als Jugendlicher auf dem Rad und Imitator der Schweizer Reporter war dieser Tausch schnell beschlossene Sache.

Kurz darauf stand ich vor den Türen des Senders in Issy-les-Moulineaux, um schließlich am 17. Juni 1997 zum ersten Mal als TV-Reporter ein Radrennen auf der Straße zu kommentieren. Bis heute habe ich diese Rundfahrt nicht vergessen, mit der Soloflucht des Franzosen Christophe Agnolutto, der als Außenseiter am dritten Tag über zehn Minuten Vorsprung auf die Favoriten herausfuhr, das Führungstrikot übernahm und es bis zum Ende verteidigte. Heute bin ich ein wenig stolz darauf, über 20 Jahre später mit dem damaligen Etappensieger Rolf Aldag als Experte bei *Eurosport* zusammenzuarbeiten.

Nach sieben Etappen war auch ich mit meiner Form zufrieden und hatte endlich mein Hobby zum Beruf gemacht. Jedoch wurde diese Zufriedenheit von einer traurigen Mitteilung überschattet, denn Peter Woydt war während dieser Tour de Suisse in seiner Heimatstadt Berlin an Krebs verstorben. *Eurosport* befand sich in einer schwierigen Situation, denn es verblieben bis zum Start der 84. Tour de France in der Normandie nur neun Tage. Wer sollte sich gemeinsam mit dem Experten Rudi Altig auf den Weg nach Rouen begeben, wer sollte die Tour drei Wochen begleiten und die 21 Etappen kommentieren?

Noch vor meiner Rückreise nach Deutschland stellte Ingolf Cartsburg mir erneut die Frage, ob ich mir vorstellen könne, ein Radrennen für *Eurosport* zu kommentieren. Allerdings steckte diesmal nicht irgendein Rennen dahinter, sondern das größte Radrennen der Welt, die Tour de France. Ich überlegte nicht lange und gab die Zusage für den nächsten Sprung ins kalte Wasser.

Zu Hause blieb mir wenig Zeit zur Vorbereitung. Nur ein paar Tage später erfolgte der Aufbruch ins Ungewisse – die Anreise in die Normandie. Und ganz plötzlich war ich mittendrin in meinem Kindheitstraum: zwar nicht als Radprofi, aber als Reporter beim größten Radrennen der Welt.

JÜRGEN LÖHLE
AN EINEM TAG IM JULI

»Also gut, wenn es denn sein muss, dann fahren Sie eben.« Man sah es Thomas Löffelholz, damals Chefredakteur der *Stuttgarter Zeitung*, deutlich an, dass er eine Dienstreise zur Tour de France für die höchstmögliche Kür hielt, vorsichtig gesagt. Zumal ich gestehen musste, dass die Chance auf einen Gewinn der Gesamtwertung durch einen deutschen Radprofi in diesem Jahr so wahrscheinlich war wie ein Lottosechser. Ich konnte auch nicht wegdiskutieren, dass fast parallel die Fußball-WM in Italien ausgespielt wurde, wo gleich zwei meiner Kollegen Reisekosten verursachten. Aber da die *StZ* ja die Zeitung der journalistischen Tour-Legende Hans Blickensdörfer war und der sich höchstpersönlich für den Jungspund starkgemacht hatte, kam schließlich das Okay – und es begann eine Vorbereitung, die aus heutiger Sicht an Naivität kaum zu toppen war.

Natürlich war ich schon vorher als Journalist bei Radrennen gewesen, am 1. Mai in Frankfurt beim Henninger Turm, auch bei Deutschen Meisterschaften. Die Tour de France kannte ich aber nur als Zuschauer ihres Gastspiels 1987 in Stuttgart, aus Büchern und aus dem Fernsehen. Ich hatte daher zwar schon eine Vorstellung, wie es da so zugehen würde *en france,* und natürlich war mir bekannt, dass die Tour die größte mobile Sportveranstaltung der Welt war (und ist). Aber das ist eben ein ziemlich abstrakter Begriff, wenn man es noch nicht selbst gesehen hat. Und vor allem nicht erlebt.

So fuhr ich also mit einem rennradverrückten Freund in meinem klapprigen VW-Campingbus am 9. Juli 1990 nach Genf. Das war ein Montag, und die Tour ging bereits in die zweite Woche. Tags zuvor hatte Olaf Ludwig im Trikot des niederländischen Teams Panasonic die achte Etappe von Épinal nach Besançon gewonnen, was in Deutschland aber kaum einer wahrnahm, weil an diesem Tag das Endspiel der Fußball-WM zwischen Argentinien und Deutschland stattfand. Daher auch mein später Einstieg in die Tour: Mein Ressortleiter entließ mich natürlich keine Stunde vor dem Ende der WM aus dem Innendienst, schon gar nicht für ein Radrennen, bei dem deutsche Sportler nur Nebenrollen innehatten.

Aber nun war ich da – und auch wieder nicht. Mein Freund hatte selbstverständlich sein Rennrad dabei, er wollte ja die Pässe der Tour fahren, während ich arbeitete. Aber auch ich hatte mein Rad nicht zu Hause gelassen, und beide Velos waren brav auf dem Heckträger des Busses montiert. Bei der Akkreditierung sagte mir dann ein Offizieller knapp, dass im Tross der Tour Fahrräder ausschließlich auf Team- und Werbeautos montiert sein dürften, und das nur auf dem Dach. Mein Auto würde also nur für die Strecke zugelassen, wenn die Räder verschwänden. Mein zarter Hinweis, dass die Marken unserer beiden Räder auch im Peloton vertreten seien, interessierte ihn nicht. Die Räder müssten weg, dann würde er auch ein Auge zudrücken: Klapprige Campingmobile wie meines seien eigentlich nicht Tour-Standard. Im Hochgebirge müsse ich damit lange vor dem ersten Rennfahrer in die Abfahrten gehen, sonst würde ich die Sportler behindern, was das sofortige Ende meiner Teilnahme bei der Tour bedeuten würde. Das habe ich mir all die Jahre gut gemerkt, und es ging auch nur einmal beinahe schief, aber dazu später.

Am gleichen Abend war dann noch mein Erstkontakt mit dem *salle de presse,* dem Pressezentrum der Tour, das ungefähr die Größe eines Bierzeltes auf dem Münchner Oktoberfest hat, manchmal auch tatsächlich ein Zelt ist, in Genf aber eine Messehalle war. Im *salle de presse* können 800 Menschen arbeiten. Wer die Atmosphäre damals das erste Mal erlebte, erstarrte in Ehrfurcht: lange Tischreihen, an denen gebeugte Menschen auf meist zu kleinen Plastikstühlen über Tastaturen saßen, oft noch über mechanischen Schreibmaschinen. Ein Höllenlärm, die Luft verqualmt und dick, weil Journalisten damals eben rauchten. *Bien sur!* Sich einfach auf irgendeinen freien Platz zu setzen, war keine gute Idee. Man saß nach Nationen zusammen. Ganz vorne meist die Schweizer. Ich erinnere mich noch an einen hünenhaften älteren Herrn, der da mit seinem kleinen Hund saß, in die Schreibmaschine hämmerte, und dem die Zigarre nie ausging. Das war Serge Lang, der Erfinder und Gründer des Ski-Weltcups.

Die deutsche Delegation war damals sehr überschaubar. Die großen Nachrichtenagenturen *dpa* und *SID* waren vertreten; die *Frankfurter Allgemeine Zeitung,* die *Frankfurter Rundschau* und die *Süddeutsche Zeitung* hatten Reporter vor Ort; dazu die freien Journalisten Hartmut Scherzer und Klaus Blume – aber das war es dann auch fast schon von der Print-Fraktion. Die Fernseh- und Radioleute sah man im Pressezentrum eher selten, die waren mit dem Mikro unterwegs oder kommentierten auf ihrer Tribüne an der Ziellinie. Ich staunte in die riesige Halle und durfte tatsächlich dabei sein, weil wir die Fahrräder von nun an auf dem Bett des Wohnmobils transportierten.

Ziemlich schnell durfte ich auch lernen, was Tour de France wirklich bedeutet. Gleich an meinem dritten Tag endete die Etappe oben in Alpe d'Huez. Wir reisten schon am Tag vorher an, so schlau waren wir dann schon. Aber ein Hotel hatten wir nicht. »Es wird sich schon was finden lassen«, dachten wir. Wie naiv. Alpe d'Huez ist rund um die Tour *complet,* also ausgebucht. Immer schon, seit dem Debüt dort 1951. Wie man trotzdem in ein Bett kommt, zeigte uns dann der Journalist Klaus Blume, der damals eben schon ein alter Hase bei der Tour war. Auch er wusste nicht, wo er schlafen sollte, schaute aber in der aktuellen *L'Équipe* nach, bei welchem Team tags zuvor ein Profis ausgeschieden war. Siehe da: Beim spanischen ONCE-Team hatten gleich drei Fahrer aufgegeben. Dann schlug er nach, in welchem Hotel ONCE untergebracht war. Das herauszukriegen ist zum Glück einfach, da jeder Journalist bei der Anmeldung das *Hébergement* der Tour in gedruckter Form ausgehändigt bekommt.

Wir fuhren Blume dann zu diesem Hotel. Tatsächlich lagen auf der kurz vor Mitternacht längst verwaisten Rezeption auf einem weißen Zettel mit der Aufschrift ONCE etliche Schlüssel. Es stand allerdings nicht darauf, welcher Name zu welchem Schlüssel gehört. »Die meisten von denen kommen eh erst morgen«, sagte Blume, »die Fahrer sowieso.« Dann schnappte er sich einfach einen der Schlüssel und suchte das Zimmer. Wir schliefen, wie für solche Fälle geplant, lieber im Bus. Allerdings hatte tags zuvor die Standheizung aufgegeben, was auf 1.800 Meter Meereshöhe kein Spaß ist, weil es da auch im Juli nachts kalt wird. Aber immer noch besser, als es Klaus Blume erging, der sich wohl den Schlüssel eines Mitglieds der ONCE-Vorhut gegriffen hatte, der plötzlich mitten in der Nacht vor ihm stand. Der Mann alarmierte die Hotelleitung, Blume hatte kurz darauf kein Bett mehr und noch Glück, dass er von dem ONCE-Mann nicht verprügelt wurde. Der Patron behielt Blumes Gepäck ein, bis der das Zimmer bezahlt hatte. Da das Hotel bei so einem dreisten Akt nur Bargeld akzeptieren wollte, suchte der arme Kollege mitten in der Nacht einen Geldautomaten in der relativ weitläufigen Skistation …

Am Ende bekam er nach dem Zahlen sogar noch ein anderes Bett – tatsächlich eines von einem ausgeschiedenen ONCE-Profi. Und am Morgen sogar ein Frühstück. Das hatten wir auch, allerdings frierend vor einem Bäcker in der Morgensonne. Nach der eiskalten Nacht tat der heiße Kaffee gut, zumal wir auch keine dicken Schlafsäcke dabeihatten. Die Tour läuft immer im Juli, das steht für Hitze – zumindest, wenn man wie wir keine Ahnung von den Bergen hat. Aber wir waren eben zum ersten Mal oben in Alpe d'Huez, dem legendären Anstieg, dem so viele Mythen angedichtet werden, an dem sich schon etliche sportliche Dramen abgespielt haben und der, zumindest nach Meinung des ehemaligen Profis Udo Bölts, »eigentlich nicht so schwer« ist. Aber eben nur eigentlich, da die Alpe immer eine Zielankunft ist und von den Besten so gefahren wird, als gäbe es kein Morgen. Bölts war 1994 Dritter im Ziel, besser war bis heute kein deutscher Profi bei einer normalen Etappe. Er muss es also wissen.

21 Kehren, 13,8 Kilometer und knapp 1.100 Höhenmeter. 1952 gewann Fausto Coppi das Debüt, seither wurden die Rampen zu einem sagenumwobenen, mystischen Ort der Tour. Der bisherige Besucherrekord stammt aus dem Jahr 2004. Damals gab es hier das bisher einzige Bergzeitfahren. Rund eine Million Menschen säumten die Straße. Lance Armstrong gewann vor Jan Ullrich, der damit als Zweiter natürlich besser war als Bölts, aber es war eben ein Zeitfahren. Und ein Rennen in der Hoch-EPO-Zeit, eine Art Mutantenstadel mit Zeiten unter 40 Minuten für die rund 14 Kilometer. Marco Pantani hastete 1997 sogar in 37:35 Minuten nach oben. Schneller war noch keiner – und das dürfte auch so bleiben. Wenn nicht, wäre das ein böses Zeichen.

Einem journalistischen Tour-Neuling eröffnet Alpe d'Huez aber vor allem die gewaltige Dimension dieses Rennens. Im Sommer ist dort oben nur wenig los, die meisten Hotels und Appartementhäuser sind geschlossen. Aber wenn die Tour kommt, ist eine Woche Party am Berg. Der Debütant mit der Akkreditierung um den Hals und dem Notizblock in der Hand kommt aus dem Staunen nicht heraus. Jedes andere Radrennen ist nur ein Kindergeburtstag gegen die Tour in Alpe d'Huez.

Mit den Jahren bekommt man natürlich Routine. Wenn heute im Oktober die Streckenführung des kommenden Jahres veröffentlicht wird und Alpe d'Huez ist dabei, geht sofort eine Reservierungsmail an das Hotel Le Chamois, das nur 100 Meter vom Pressezentrum in der großen Eishalle entfernt liegt. Wer bei der Tour als Journalist bestehen will, muss eine gute Planung haben, oder er geht unter. Mich hat damals eigentlich nur gerettet, dass ich mir die Themen frei suchen konnte. Wie gesagt: Deutsche Profis hatten damals außer Olaf Ludwig nur den Status von Helfern, maximal von hoffnungsvollem Nachwuchs. Andreas Kappes (gestorben 2018) fuhr als einziger Profi aus den alten Bundesländern als Helfer von Jean-François Bernard beim französischen Team Toshiba. Die Ex-DDR-Größen Uwe Ampler und Uwe Raab starteten für die Holländer von PDM. Mario Kummer und Jan Schur, der Sohn von Täve Schur, gaben ihr Tour-Debüt bei Chateau d'Ax, dem italienischen Team von Gianni Bugno und Tony Rominger.

Es war damals also kein potenzieller deutscher Siegfahrer dabei. Klar musste man als Journalist Olaf Ludwig im Auge behalten, der gab ja auch Geschichten her, weil er nach dem Fall der Mauer den Weg in den Westen schnell und sehr erfolgreich gefunden hatte. Der Olympiasieger kapierte die DNA des Profisports schneller als seine Kollegen und gewann dann auch in seinem ersten Jahr gleich das Grüne Trikot des besten Sprinters bei der Tour. Diese Story war natürlich Pflicht, aber sonst genoss ich als Reporter absolute Themenfreiheit. Das war ein großes Geschenk und ist heute eigentlich undenkbar, wo man sich täglich um deutsche Teams und deutsche Profis kümmern muss. Freiheit war natürlich auch, dass man die meiste Zeit des Tages für die Redaktion schlicht nicht erreichbar war. Es gab zwar schon Mobiltelefone, aber über weite Teile der Strecke einfach kein Netz. Der Tour-Reporter rief am späten Vormittag aus einer Telefonzelle in der Redaktion an, avisierte die Geschichte des Tages und verschwand dann wieder, unerreichbar zwischen Etappenstart und Ziel, im gnädigen Funkloch. Das gibt es heute nicht mehr, nicht mal im hintersten Winkel der Pyrenäen.

Den Neuling bei der Tour haut die Faszination immer wieder um. An diesem Julitag 1990 bin ich vom Ziel aus die Strecke entlang ein paar Kilometer abwärts gegangen, vorbei an Menschen aus ganz Europa, aber auch an Fangruppen aus Kanada und Kolumbien. Nach etwa einer halben Stunde Wandern mit offenstehendem Mund erreichte ich dann *virage 16*, die sechzehnte der 21 Kehren. Hinter dem

Absperrgitter stand damals ein VW-Camper aus dem Schwäbischen, mit Hubdach. Eine Familie aus Waiblingen – Vater, Mutter und zwei rennradverrückte Kids, die hier schon seit vier Tagen kampierten, weil man diesen Platz, von dem man eine wunderbare Aussicht auf etwa zehn Rennminuten hat, sonst nicht bekommt. Vier Tage ohne richtige Toilette; die Dusche ein 50-Liter-Kanister auf dem Dach mit einer Art Gartenschlauch dran. Jeden Tag fuhren die Kids hinunter nach Le Bourg-d'Oisans, dann noch 20 Kilometer weiter Richtung Grenoble. Anschließend ging es zurück und hinauf bis ins Ziel – als Rennen. Der Vater fuhr auch mit, zügelte aber sein Tempo, und für ihn war dann am Camper Schluss, ein paar Kilometer vor dem Zielstrich. Die Mutter lag lesend auf einer Klappliege am Straßenrand und schien den ganzen Trubel um sich herum überhaupt nicht zu bemerken. Die ganze Familie schwärmte davon, dass hier, am Rand der Tour, der schönste Platz der Welt sei – zumindest für ein paar Tage im Juli. Und zum richtig Duschen ging es alle zwei Tage ins Freibad von Alpe d'Huez.

Die Geschichte für die Zeitung an meinem ersten großen Tour-Tag war dann aber eine andere. In *virage 16* spielte sich auch eine grandiose unternehmerische Idee ab: Ein Fotograf aus Alpe d'Huez stand mit zwei Assistenten auf der Straße und schoss von jedem Hobbyfahrer, der vorbeikeuchte, ein paar Fotos mit der gigantischen Bergkulisse und dem Straßenbanner Alpe d'Huez im Hintergrund. Der Assistent kritzelte eine Nummer auf eine Visitenkarte des Fotografen, rannte dem Radler hinterher und steckte ihm die Karte hinten in die Trikottasche. War ein Film voll, fuhr der zweite Assistent mit dem Moped zum Fotoladen oben in der Skistation, entwickelte den Film und machte kleine Kontaktabzüge. So war das in den Zeiten der analogen Fotografie. Und so ging das über Tage, weil sich Legionen von Hobbyfahrern den Anstieg hinaufquälten. Auch am Renntag selbst, bis gegen Mittag die Straße auch für Radler gesperrt wurde. Jeweils am späteren Nachmittag konnte man dann im Laden des Fotografen mithilfe der Nummer sein Foto als Kontaktabzug in riesigen Ringbüchern suchen. Von jedem Radler gab es mindestens drei Fotos: eines von vorn, eines von der Seite und eines von hinten. Wem ein Motiv gefiel, der nannte an der

Kasse die Nummer und zahlte 60 Franc pro Motiv, das sind heute rund zehn Euro.

Am nächsten Morgen gab es dafür dann schöne Vergrößerungen (23 x 18) in einem aufklappbaren Karton. Links eine Luftaufnahme des Anstiegs mit der farblich hervorgehobenen Route und ihren Daten, rechts der Radler, wahlweise lächelnd oder dekorativ leidend. Ich denke, der Fotograf hat in der Woche vor der Etappe 90 Prozent seines Sommerumsatzes gemacht. Wie gesagt, Tausende wollten diese Bilder in den Tagen rund um die Tour. Ich natürlich auch, aber erst einige Jahre später. 1990 musste ich ja sofort arbeiten.

Ein paar Jahre danach lag glücklicherweise ein Ruhetag direkt vor der Etappe nach Alpe d'Huez. Das war meine Chance. Schon früh an diesem Ruhetag fuhr ich nach Le Bourg-d'Oisans und gönnte mir dann im Sattel die knapp 14 Kilometer Legendenanstieg. Und natürlich auch das Foto. Zum Glück sieht man auf dem Bild nicht das Tempo, denn anders als Karsten Migels kann ich nicht auf eine Karriere als Rennfahrer zurückblicken. Als ich *virage 16* erreichte, war schon mehr als eine Stunde vergangen, und von da an ist es ja noch ein gutes Stück bis ins Ziel. Aber wie lange man auch braucht – wer diesen Anstieg auf einen Rutsch packt und oben über die Ziellinie rollt, kriegt eine Gänsehaut. Der Mythos wirkt einfach, das konnte ich deutlich spüren.

Wer als Reporter zur Tour fährt, hat in aller Regel auch eine persönliche Beziehung zu diesem Sport. Karsten ist ja erfolgreich Rennen gefahren. Ich dagegen gehörte in meiner Jugend zur Generation Bananensattel. Statussymbol war damals auch eine wahre Lichtorgie mit zig Lampen. Wenn ich es richtig erinnere, hatte ich fünf Dynamos an meinem Staiger-Stahlross und war deshalb zumindest ein wenig in Form: Fahrten mit Licht kosteten echt Kraft … Aber eigentlich war ich Schwimmer. Das Rennrad habe ich erst nach einem Sturz mit dem Motorrad entdeckt. Mein rechtes Knie war danach nahezu ein Totalschaden. Nach drei Operationen verordnete mir mein Orthopäde eine monatelange Reha. Das sah in den späten 70er-Jahren so aus, dass man in stickigen Physio-Praxen auf einem hässlichen Radtrainer stundenlang vor sich hin kurbelte. Das war langweilig, und so etwas wie ein runder Tritt war bei diesen meist uralten Dingern so gut wie unmöglich. So kam ich auf die Idee, mir ein Rennrad zu kaufen. Es wurde ein Sechsgang-Peugeot für 450 Mark. Und siehe da, es machte Spaß, und ich entwickelte ein wenig Ehrgeiz, weil mein bester Freund schon länger mit dem Virus Rennrad infiziert und ziemlich flott unterwegs war. Bei einem Stundentest im Flachen fuhr er mich dermaßen aus den Schuhen (er schaffte 38 Kilometer, ich nur 30), dass ich reagieren musste. Denn das inwendige Gen eines Rennradlers (»Lieber tot als Zweiter!«) hatte ich schon – nur leider die Beine dafür nicht.

Mein Kumpel schleppte mich dann zu Roland Wolbold, einem ehemaligen Amateurfahrer, der jetzt edle Rennräder verkaufte und bis heute der schrulligste Radhändler ist, den ich kenne. Der Mann beleidigt seine Kunden auch schon mal (»Erst zehn Kilo abnehmen, dann Carbon.«), nimmt nur blitzsaubere Velos zur Reparatur an und wird dafür tatsächlich geliebt. Auf meine Frage, was ich denn mit dem Peugeot-Rad machen sollte, antwortete er sinngemäß: Bei den paar Kilometern, die du fährst: behalten. Wenn du aber wirklich trainieren und richtig Spaß haben willst, schmeiß es weg. So verließ ich den Laden mit der Bestellung eines Gios Torino im schönsten Blau der Welt, ausgestattet mit Campagnolo Superrekord (sechsfach). Der Renner hat mich mehr gekostet, als mir mein erstes Gehalt als Sportredakteur bei der *Stuttgarter Zeitung* einbrachte, war aber jede Mark wert. Heute, ich habe es noch, könnte ich dafür deutlich mehr in Euro bekommen. Ich fahre das Gios nur noch einmal im Jahr bei der Eroica in Gaiole im Chianti. Für den Ritt über die *strade bianche* sind dort nur Räder mit Käfigpedalen, Unterrohrschaltung und außenliegenden Zügen zugelassen, die mindestens 30 Jahre alt sein müssen. Schon bei meiner ersten Teilnahme 2016 wollte mir ein Italiener 3.000 Euro für das Velo geben, das ich 1981 für etwa 2.100 Mark gekauft habe.

Mit dem Gios habe ich mein Jahrespensum von etwa 1.500 Kilometern dann mindestens verdoppelt. Für Rennen reicht das natürlich nicht. Mit einer Ausnahme: Bei der Tour 1992 gab es ein Presse-Mannschaftszeitfahren am Ruhetag in Dole. Heute ist so etwas undenkbar – am Ruhetag hetzen die Journalisten von Pressekonferenz zu Pressekonferenz. Andreas Zellmer von der *dpa,* der freie Fotograf Jürgen Burkhardt und ich bildeten ein Team, das gegen die mit Ex-Profis gespickten Mannschaften der französischen Gazetten komplett chancenlos war. Aber wir haben es versucht, und da immer nur die ersten beiden einer Mannschaft gewertet wurden, war es auch nicht weiter wichtig, dass ich weit hinter meinen Kollegen ins Ziel kam. Unsere Platzierung habe ich vergessen, aber nach meiner Erinnerung war ein anderes Team noch langsamer.

Meine Form reichte immerhin für das demütige Abfahren der Tour-Bergstrecken in den Alpen und Pyrenäen, und dabei wuchs meine Bewunderung für die Radprofis. So bin ich zum Beispiel den Tourmalet von der Ostseite gefahren, ein paar Wochen, nachdem Tony Rominger den großen Miguel Indurain hier auf den letzten Kilometern attackiert hatte. Wenn man sich dort hinaufkämpft, den Puls am Anschlag, die Beine kurz vor dem Krampf, und dann ziehen innerlich die Bilder von Big Mig vorbei, wie er elegant und ohne einen einzigen Wackler im Oberkörper scheinbar mühelos und mehr als doppelt so schnell in Richtung Passhöhe fliegt – das senkt natürlich Frust in die Beine. Aber wenn du dann tatsächlich noch halbwegs am Leben oben ankommst, schießen dir die Endorphine ins Blut. Die Qual fliegt davon, und der Himmel ist ganz nah.

Man muss kein Profi gewesen sein, um über die Tour zu schreiben, aber es hilft ungemein, wenn man weiß, wie sich Radfahren anfühlt. Vor allem im Hochgebirge. Noch heute denke ich an Udo Bölts' Rat, wenn ich einen Pass hochschnaufe: Nie nach oben schauen, immer nur von Kehre zu Kehre denken – die packe ich noch in dem Tempo, die nächste auch noch, und so weiter. Das hilft wirklich. Die Faszination von Radrennen, und besonders der Tour, erklärt sich auch daraus, dass die Sportler dort extrem leidensfähig sind, und das über Stunden, Tage und Wochen. Drei Wochen! Diese Faszination lässt bei mir auch nach mehr als 30 Jahren Tour nicht nach.

“AUF DEN STRASSEN DER TOUR”

UND PLÖTZLICH WAR ALLES SO GELB

DER TAG VON ANDORRA-ARCALÍS 1997

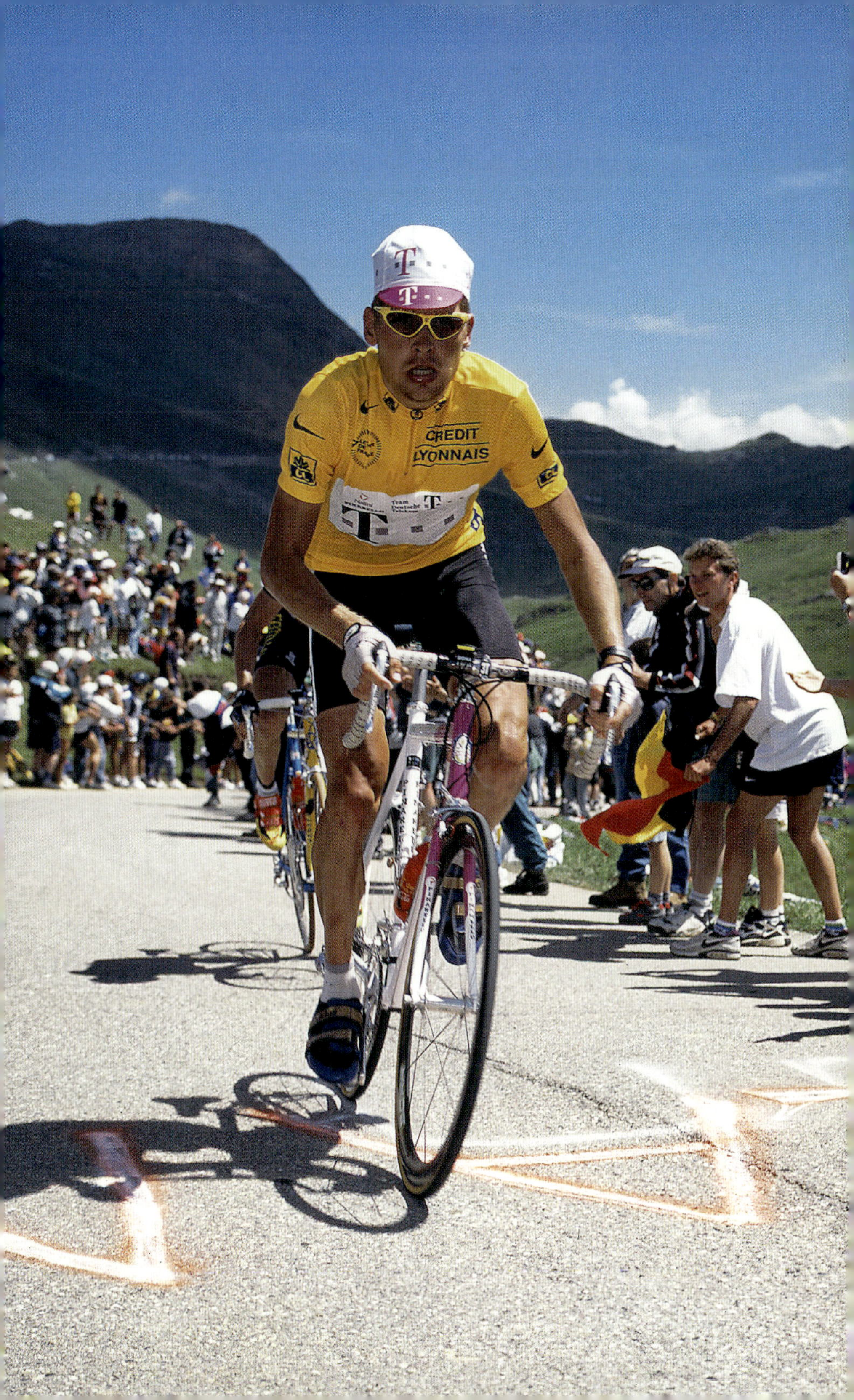
CREDIT
LYONNAIS

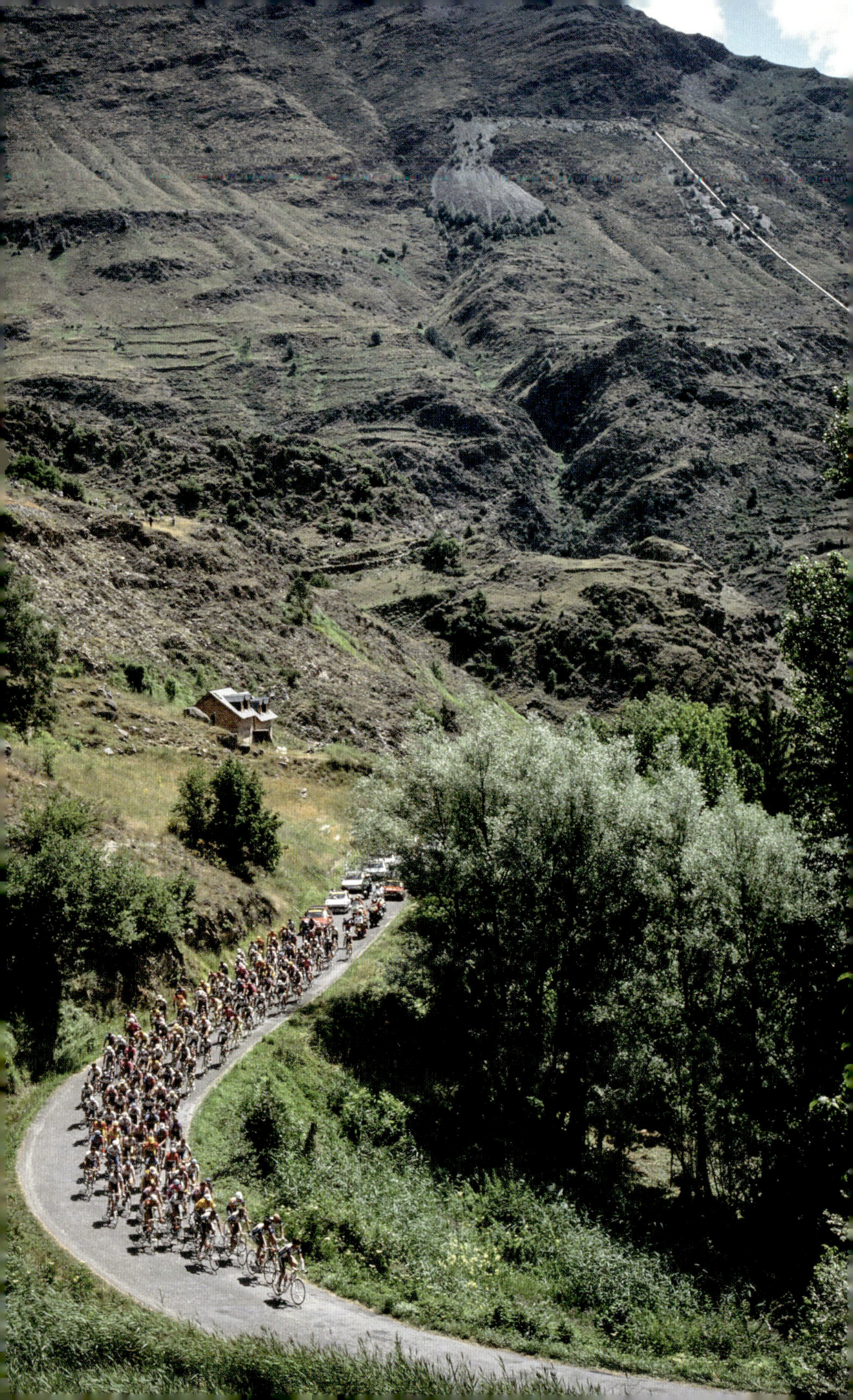

Die Pyrenäen:
Nicht nur eine beeindruckende Kulisse an der französisch-spanischen Grenze, sondern der Ort, an dem sich Jan Ullrich 1997 das Gelbe Trikot holt.

JÜRGEN LÖHLE: »DER KÖNIG IST TOT – ES LEBE DER KÖNIG!«

Wir alle kennen das: Wie lange es auch her ist, man weiß noch genau, wo man war und was man tat, wenn wirklich Historisches geschehen ist. Das brennt sich ins Gedächtnis ein. Ich erinnere mich noch gut, wie ich 1969 zusammen mit meinem Vater mitten in der Nacht, live und im Schlafanzug, Neil Armstrongs ersten Schritt auf den Mond im Schwarz-Weiß-TV gesehen habe. Ich sehe auch heute noch das völlig entsetzte Gesicht der Chefsekretärin meines damaligen Arbeitgebers vor mir, die auf den Fernseher in meinem Rücken starrte, als dieser am 11. September 2001 den Einschlag des gekaperten United-Airlines-Jets in den Südturm des World Trade Centers übertrug.

Das sind natürlich Ereignisse, die eine ganz andere Dimension hatten als das, was am 15. Juli 1997 auf den Rampen der Pyrenäen geschah. Aber auch dieser Tag war zumindest für den Radsport hierzulande historisch, weil er den Grundstein für den ersten deutschen Gesamtsieg bei der Tour de France legte. Und die gab es damals immerhin schon seit 94 Jahren. Die Bilder der letzten sechs Kilometer dieser zehnten

Etappe von Luchon in die Skistation Andorra-Arcalís sind mir immer noch so präsent, als wäre es gestern gewesen – obwohl ich mich andererseits nicht erinnern kann, von wo aus ich an diesem Tag nach Arcalís gefahren bin, wo ich übernachtet habe, oder wie das Frühstück war. Wahrscheinlich waren die Eindrücke des Nachmittags so stark, dass sie alles andere gelöscht haben.

Wir schreiben also den 15. Juli 1997, früher Nachmittag: Es läuft die Etappe von Luchon nach Andorra-Arcalís. Die Sonne brennt, drückende Schwüle liegt über der Straße. 246 Kilometer quer durch die Pyrenäen haben die Profis schon in den Beinen. Es sind nur noch wenig mehr als sechs Kilometer bis ins Ziel der längsten Bergetappe in diesem Jahr, als sich die Hackordnung im Team Telekom grundlegend verändert. Teamchef Walter Godefroot hatte aus dem Auto heraus die Situation erkannt und einen Entschluss getroffen. Bjarne Riis, den Godefroot am Morgen noch als »unseren Kapitän« bezeichnet hatte, kurbelte schwer und hatte große Probleme mit dem Tempo in der Favoritengruppe. Sein Helfer Jan Ullrich schien dagegen mit dem Berg zu spielen. Ruhig saß er im Trikot des Deutschen Straßenmeisters auf dem Rad, die Beine kreisten leicht, trotz acht Prozent Steigung. Godefroot beorderte Ullrich zum Teamfahrzeug. Der Belgier war nervös – es kam wohl jetzt schon zum Showdown der Tour, das spürte der alte Fuchs. Und wenn Godefroot nervös wurde, dann hatte er so seine Probleme mit der deutschen Sprache. In einer Mischung aus Deutsch, Flämisch und Französisch rief er Ullrich etwas zu wie: »Der König ist tot, es lebe der König!« Ein Klassiker und gut gemeint, aber Ullrich schaute nur mit einem großen Fragezeichen im Gesicht zurück. Also musste der Belgier deutlicher werden. »Schauen Sie sich nicht um, fahren Sie, was Sie können – jetzt!«, brüllte er aus dem Autofenster. Wenn Godefroots Nerven flatterten, siezte er seine Fahrer. Und dieses Mal hatte Ullrich kapiert. Der Mann mit der Startnummer 8 kettete einen Gang höher und trat an, erst kurz im Stehen, dann im Sitzen und mit Unterlenkergriff. Volle Attacke.

Cédric Vasseur, der Franzose im Gelben Trikot, geht leichenblass fliegen. Vorjahressieger Riis, der Italiener Marco Pantani und Frankreichs Liebling Richard Virenque stemmen sich trotzig in den Wiegetritt, aber nur Virenque kann für kurze Zeit das Hinterrad des nun von der Leine gelassenen Ullrich halten. Aber als dieser dann noch einmal kurz aus dem Sattel geht, ist es auch mit dem Franzosen vorbei. Ullrich ist allein vorn und tut genau das, was ihm sein Trainer Peter Becker immer eingetrichtert hat: »Hoch die Gänge, 'runter den Hintern, 'rauf den Berg.« Im Pressezentrum, einem riesigen Zelt vier Kilometer unterhalb des Ziels, wird es unruhig. Viele Journalisten verlassen ihren Laptop und rennen an die Straße. Sie wollen den Mann sehen, der da auf dem Weg ins Gelbe Trikot ist. Man hat unweit des Presseparkplatzes einen wunderbaren Blick auf die Strecke.

Ullrich kommt als Erster aus einem Tunnel und fliegt fast auf die staunenden Presseleute zu. Es sieht aus der Distanz leicht aus, ist es aber nicht. »Ich dachte, ich komme nie da oben an«, sagte er Jahre später, »es war brutal hart.« Ich stehe zusammen mit Kollegen vom *Kölner Stadtanzeiger* und vom *Spiegel* am Straßenrand, als Ullrich mit weit offenem Mund an uns vorbeikurbelt. Auch Rudolf Scharping, der ehemalige SPD-Kanzlerkandidat, spätere Verteidigungsminister und heutige BDR-Präsident, ist dabei und brüllt derart in die TV-Kamera des Begleitmotorrads, dass er es damit abends in die *Tagesthemen* schafft.

Ganz ruhig bleibt dagegen Claude Sudres, der ehemalige Pressechef der Tour, Nestor der französischen Radjournalisten und ein Topexperte. »Glaubt mir, die Tour ist entschieden, der Junge fährt wie Indurain«, sagt er. Ein verbaler Ritterschlag. Entschieden ist die Tour da zwar noch nicht, aber zwölf Minuten später rollt Ullrich mit in den Himmel gereckten Armen als Erster über die Ziellinie, eine Minute und acht Sekunden vor Virenque und Pantani. Riis verliert als Fünfter knapp dreieinhalb Minuten. Und Ulle streift sich mit 23 Jahren das Gelbe Trikot über den für seine Verhältnisse extrem dünnen Oberkörper.

In Deutschland bricht darauf eine Begeisterungswelle los, die zu Beginn mindestens so groß ist wie die 20 Jahre zuvor bei Didi Thurau und die noch größer werden sollte. Die ARD-Sondersendung nach der *Tagesschau* am selben Abend verfolgen mehr als sechs Millionen Zuschauer, und ein sehr buntes Blatt titelt mit royalem Hintergrundwissen: »Im Fürstentum Andorra wird Kronprinz Ullrich zum König.« Der scheue Star selbst ist erst einmal bedient. Hinter der Ziellinie stürzen sich die Kamerateams auf den ausgepumpten Profi. Team-Pressesprecher Mathias Wieland, ein Mann mit Gardemaß von über zwei Metern und auch sonst ein kräftiger Kerl, kann ihn kaum abschirmen. Abends im Hotel unten im Tal warten wir deutschen Schreiber auf ein Zeichen und bekommen die Aussage, dass Ullrich sich »einen Kindheitstraum« erfüllt habe. Und als Ullrich tags darauf die fette Schlagzeile in der *L'Equipe* liest, weiß er auch ohne große Französischkenntnisse, dass er ganz oben angekommen ist: *VOILÀ LE PATRON!* steht dort.

Diesen Parforceritt live zu erleben war sicher eines meiner prägendsten Erlebnisse bei der Tour. Zumal es für mich das erste Mal war, dass ich danach nicht sofort in die Tasten hauen musste, oder besser gesagt: durfte. Anfang Juli 1997 hatte ich den Job gewechselt. Von der *Stuttgarter Zeitung* war ich als Ressortleiter zur hauseigenen Wochenzeitung *Sonntag Aktuell* gewechselt, und da der 15. Juli ein Dienstag war, erschien mein Blatt erst wieder fünf Tage später. Das tat weh. Ich habe dann Holger Gayer, meinen Nachfolger bei der *StZ,* mit unendlich vielen Tipps und Hilfsangeboten vermutlich mehr genervt als unterstützt. Und es kam auch ein wenig Neid hoch: Da fährt der Mann zum ersten Mal zur Tour und erlebt sofort einen der größten Tage im deutschen Radsport. Damals ahnte allerdings noch niemand, dass man den Durchbruch einer großen Karriere gesehen hatte, die später in eine tieftraurige menschliche Katastrophe und einen Sumpf aus Doping, Drogen und Alkohol führen würde und bis heute mit vielen Aufs und Abs weitergeht.

Damals galt Jan Ullrich als komplett untadeliger Sportler, der allenfalls beim Essen Disziplinprobleme hatte. Von EPO-Doping sprach man noch so gut wie gar nicht; auch ich hatte keine Zweifel, dass hier sauberer Sport geboten wurde. Dieses Bild bröckelte aber ziemlich schnell und fiel schließlich mit der Affäre Fuentes neun Jahre später völlig in sich zusammen. Nachdem die gesamte Dimension des Dopings klar geworden war, musste man davon ausgehen, dass auch Ullrich an diesem ganz besonderen Tag in Andorra nicht nur mit Traubenzucker und Magnesium unterwegs war.

Am 15. Juli 1997 war das alles aber überhaupt kein Thema. Deutschland jubelte, Jan Ullrich war der Aufmacher in allen Nachrichtensendungen. Dass an diesem Tag ein anderer Weltstar brutal verglühte, wurde ans Ende der Sendungen verschoben: Der italienische Modedesigner Gianni Versace wurde am 15. Juli 1997 in seiner Villa in Miami Beach erschossen. Wir haben das in Andorra nicht wirklich registriert. Wir deutschen Journalisten saßen abends noch zusammen auf der Terrasse eines Restaurants – und waren plötzlich selbst begehrt. Immer wieder fragten ausländische Fernsehkollegen uns nach dem Phänomen Ullrich und ob wir den Kommentar nicht mal eben in eine Kamera oder in ein Mikrofon sprechen könnten. Verrückte Welt.

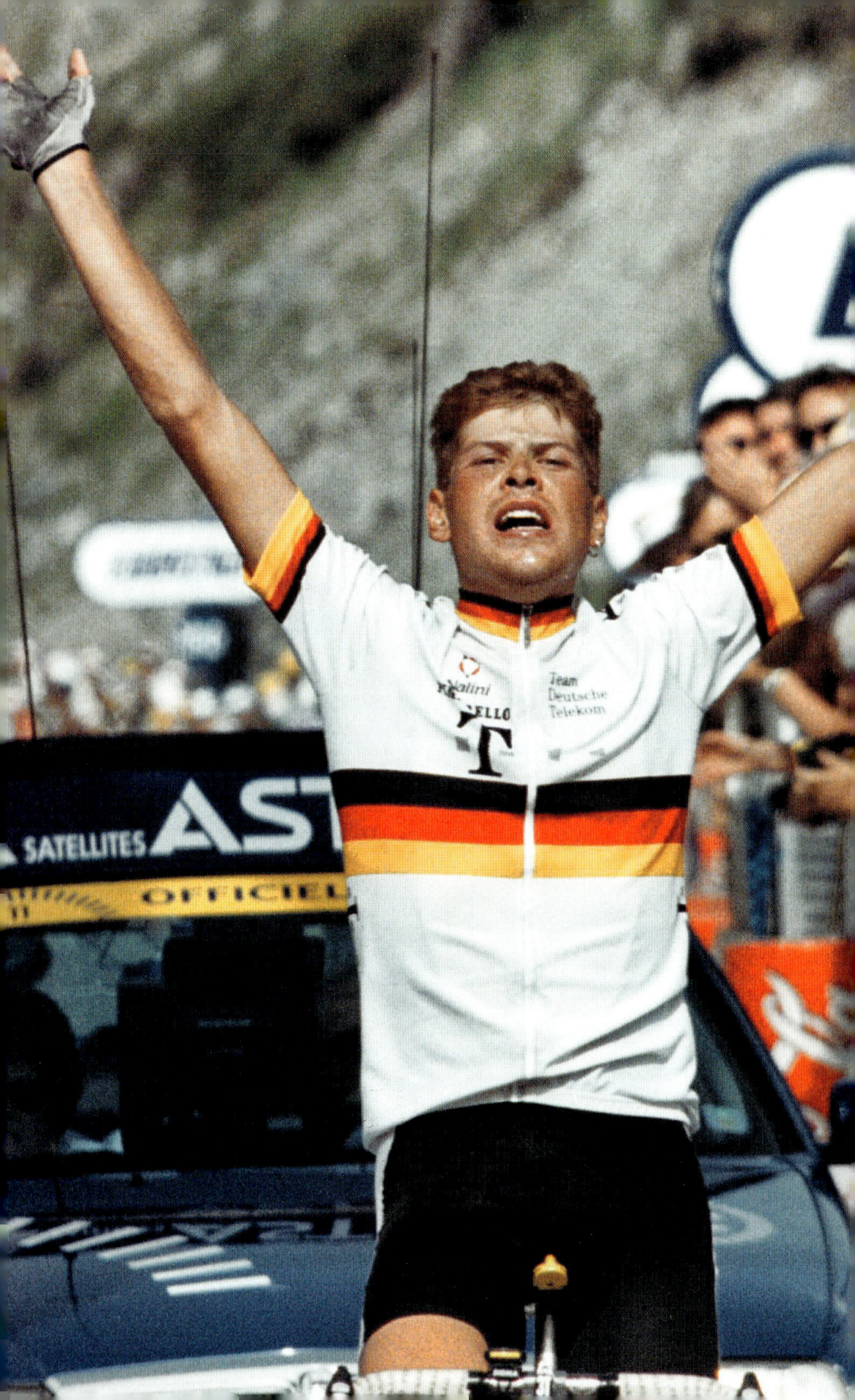
Nalini
Team
Deutsche
Telekom
T
SATELLITES
OFFICIEL

Der Tag, an dem das Trikot getauscht wurde:
Jan Ullrich fährt als Deutscher Meister in Andorra-Arcalís über die Ziellinie, schlüpft ins Gelbe Trikot und gewinnt als bisher einziger Deutscher die Tour de France.

KARSTEN MIGELS: KALTER MORGEN, HEISSES FINALE – ULLRICH EROBERT GELB

Vor dem Start in Rouen haben wohl nur wenige geahnt, welchen sporthistorischen Stellenwert diese 84. Austragung der Tour de France erreichen würde. Zwar hatte Jan Ullrich die Rundfahrt bereits im Vorjahr hinter seinem Teamkollegen Bjarne Riis auf Rang zwei beendet und zählte sicher zu den Favoriten. Es stellte sich aber die Frage, ob die Telekom-Teamleitung dem 23-Jährigen auch zugestehen würde, die Tour zu gewinnen. Dass Ullrich nicht schlechter als 1996 an den Start ging, konnte man bereits nach den ersten sieben Kilometern und seinem zweiten Platz im Prologzeitfahren hinter Christopher Boardman erkennen.

Diesen zweiten Platz in der Gesamtwertung belegte Ullrich auch, als die 10. Etappe von Bagnères-de-Luchon nach Andorra, genauer Andorra-Arcalís, führte. Mit 252 Kilometern war dies nicht nur die drittlängste Etappe der Rundfahrt, sondern als Bergetappe in den Pyrenäen mit den Pässen Col de Portet d'Aspet, Col de Port, dem 2.400 Meter hohen Grenzpass Port d'Envalira (dem höchsten Punkt der Tour in diesem Jahr) und dem Schlussanstieg zur Skistation Arcalís, dem Col d'Ordino, eine brutal schwere Herausforderung.

Ungewöhnlich war damals auch, dass die *Eurosport*-Übertragung dieser Etappe bereits recht frühzeitig begann. Während die ersten und auch die nachfolgenden Etappen in der Regel erst ab 14:30/15:00 Uhr übertragen wurden, war der Beginn an diesem Dienstag auf den späten Vormittag terminiert. Im Vergleich zu heute waren das überwiegend also eher kurze Übertragungszeiten, die mit Blick auf die Renngestaltung und die taktischen Spielchen der Teams oft gar nicht so schlecht waren. Denn oft bestimmt Tristesse die Rennen! Im modernen Radsport passiert auf den flachen Etappen der Rundfahrten oder auch bei den Eintagesrennen nicht allzu viel, und der Ablauf ist in der Regel identisch: Start der Etappe, Fahrer versuchen sich abzusetzen, eine mehr oder weniger große Fluchtgruppe steht für eine Weile, aber die Mannschaften mit den Topsprintern kontrollieren das Rennen; und im Ziel kommt es zu einem Massensprint.

Aber an diesem 15. Juli 1997 war vieles anders. Rudi Altig und ich hatten uns irgendwann am Morgen mit seinem Auto auf den Weg zum Ziel in Arcalís gemacht. Wir kamen damals aus Frankreich und fuhren wie die Fahrer über den Port d'Envalira, der im Vergleich zu vielen anderen Pässen durch die recht große und breite Straße und den dort herrschenden Fernverkehr mit dem Rad nicht schön zu fahren ist, dafür aber von der Passhöhe (2.400 m) aus einen tollen Blick bietet.

Arcalís war bei dieser Tour die erste von drei Bergankünften, und diese kleine abgelegene Skistation im Nordwesten Andorras war zum ersten Mal überhaupt Ziel eines Radrennens. Und noch anderes sollte dort erstmalig geschehen: Ich kommentierte meine erste Tour de France, Jan Ullrich sollte 19 Jahre nach Klaus-Peter Thaler der erste Deutsche im Gelben Trikot sein, und das wiederum sollte den Grundstein zum ersten Gesamtsieg eines Deutschen Radprofis in der fast 100-jährigen Geschichte des größten Radrennens der Welt legen.

Nach ein paar Stunden im Auto waren wir oben angekommen und hatten kein Problem, einen Parkplatz zu finden. Weder Zuschauermengen noch viele Mitarbeiter der Tour-Organisation hatten an diesem frühen Vormittag schon den Weg ins Ziel gefunden. Ich stieg aus und musste mir erst einmal eine warme Jacke und eine Decke aus meinem Koffer holen, denn um diese Uhrzeit war auch die Sonne noch nicht über die umliegenden Gipfel geklettert. Es war nicht nur schattig und frisch, sondern richtig kalt.

Frierend lief ich über den Parkplatz zu den Positionen der Reporter. Ich vermeide an dieser Stelle das Wort Kabine, denn damals saßen wir Reporter der Fernseh- und Radiostationen noch auf einem stählernen Baugerüst, das durch Planen eingefasst war. An allen Ecken und Enden pfiffen der Wind und die Kälte hindurch. Leicht vorzustellen, dass ich bei meiner sitzenden Tätigkeit nach kurzer Zeit vor Kälte schnattern statt reden würde. Rudi suchte derweil einen Parkplatz, möglichst in unmittelbarer Nähe.

Der Start in Bagnères-de-Luchon war um kurz vor 10 Uhr erfolgt. Ich probierte, irgendwo ein paar Informationen über den aktuellen Rennverlauf zu bekommen, denn einen Liveticker oder Internet-Infos, wie wir es heute kennen, existierten 1997 noch nicht. Die einzigen Quellen waren *Radio Tour* (der interne Funk der Organisation, der aber zu dieser Uhrzeit noch keine Mitteilungen in den Zielort sandte) und ein paar dürftige Informationen von Kollegen, von denen aber auch noch nicht viele im Ziel erschienen waren.

Keine Infos vom Rennen bedeutet, erst einmal die Ruhe zu bewahren, die Position zu beziehen, zu prüfen, ob der Monitor auf der Tribüne funktioniert, und einen Test der Telefonleitung mit der Sendezentrale in Paris durchzuführen. Rudi und ich waren ein Zwei-Mann-Team, denn Techniker von *Eurosport* gab es damals keine vor Ort. Sollte es mal ein ernsthaftes Problem geben, dann half uns ein Techniker aus dem Aufbau- und Abbaukommando der produzierenden Fernsehanstalt aus.

Alles war so weit für diesen langen Übertragungstag bei meiner Tour-Premiere gerichtet, und nun musste ich mich nur noch in die wärmende Decke packen und die finale Vorbereitung für die Sendestrecke vornehmen. Rudi, der immer und überall irgendwelche Leute kennt, hatte sich wieder einmal verquatscht und kam erst nach einer Weile, eigentlich zu spät. Aber dafür wusste er zu berichten, dass Erik Zabel den ersten Zwischensprint in Fronsac gewonnen und seinen ohnehin schon komfortablen Punktevorsprung für das Grüne Trikot ausgebaut habe. Reporterkollegen erzählten mir weiter, dass Laurent Brochard die erste Bergwertung nach 27 Kilometern gewonnen und dass das Feld ein paar Kilometer später gestoppt hätte, um am Col de Portet-d'Aspet des Olympiasiegers Fabio Casartelli aus Italien zu gedenken. Er war zwei Jahre zuvor während der Tour dort tödlich verunglückt.

Erst als nach 137 Kilometern Tarascon-sur-Ariège erreicht war, gab es die ersten Angriffe. Mit Christophe Rinero aus Frankreich, dem Spanier Miguel Arroyo und dem Litauer Arturas Kasputis setzten sich drei Fahrer ab, die in der Gesamtwertung aber keine Rolle spielten. Etwa drei Minuten Vorsprung konnten sie herausfahren. Ungefähr zehn Kilometer vor der Bergwertung am Port d'Envalira – wir waren längst auf Sendung und kommentierten das Renngeschehen – wurden die Ausreißer gestellt.

Zu diesem Zeitpunkt hatten die Fahrer noch etwas mehr als 50 Kilometer zu fahren, und in der Zwischenzeit war die Sonne über die Gipfel der Pyrenäen gezogen, sodass wir es etwas wärmer hatten und hinter den Lkw-Planen sitzend das Finale ohne Zähneklappern kommentieren konnten. Rudi Altig in seiner ruhigen, analysierenden Art und mit Sätzen wie »Nicht umgucken, Jan, nach vorn!«, oder »Der fährt hier, als ob es überhaupt nicht bergan geht«. Ich äußerte mich schon etwas euphorischer und mit mehr Begeisterung als der abgeklärte Experte an meiner Seite.

Innerhalb dieser letzten Kilometer hatte es weitere Angriffe gegeben, aber kein Fahrer konnte sich entscheidend vom Feld lösen. Und als sein Teamchef wenige Kilometer vor dem Ziel Jan Ullrich das Signal gab, selbst anzugreifen, war es eh für jeden anderen unmöglich, an seinem Hinterrad zu bleiben. Ullrich fuhr den Anstieg nach Arcalís wie eine Dampfwalze hinauf und ließ alle anderen stehen. Nach 1996 in Saint-Émilion – damals das letzte Zeitfahren der Tour, vor den Spaniern Miguel Indurain und Abraham Olano – gewann er seine zweite Tour-Etappe, vor Marco Pantani und Richard Virenque. Für Cédric Vasseur war es damals der letzte Tag im Gelben Trikot, das von nun an Jan Ullrich trug, der damit in seiner Heimat für eine Welle der Begeisterung sorgte.

Wir blieben damals noch etwas länger als sonst nach den Zielankünften bei der Siegerehrung, weil wir uns diesen historischen Augenblick und die Übergabe des Gelben Trikots an den neuen Helden der Tour nicht entgehen lassen wollten. Im Rückblick betrachtet weiß ich heute, dass ich mir der Tragweite dieser historischen Solofahrt von Jan Ullrich, seines zweiten Tour-Etappensieges und der Übernahme des Gelben Trikots damals nicht so recht bewusst war. Zu intensiv waren für mich als Tour-Neuling noch die täglichen Aufgaben und Erfahrungen, die ich selbst erst einmal verarbeiten musste. Da blieb leider zu wenig Zeit, um angemessen zu feiern.

Aber diese Tour war ein »Sommermärchen«, das Deutschland in eine Radsportbegeisterung versetzte, die es auch in den Zeiten von Didi Thurau, Gregor Braun, Klaus-Peter Thaler oder meines Kollegen Rudi Altig in dieser Form nicht gab. Und dieses Mal war ich war mittendrin, statt als Zuschauer nur dabei.

CHAOS AM STRASSEN-RAND

WOHNMOBILE, TEUFEL UND FANS

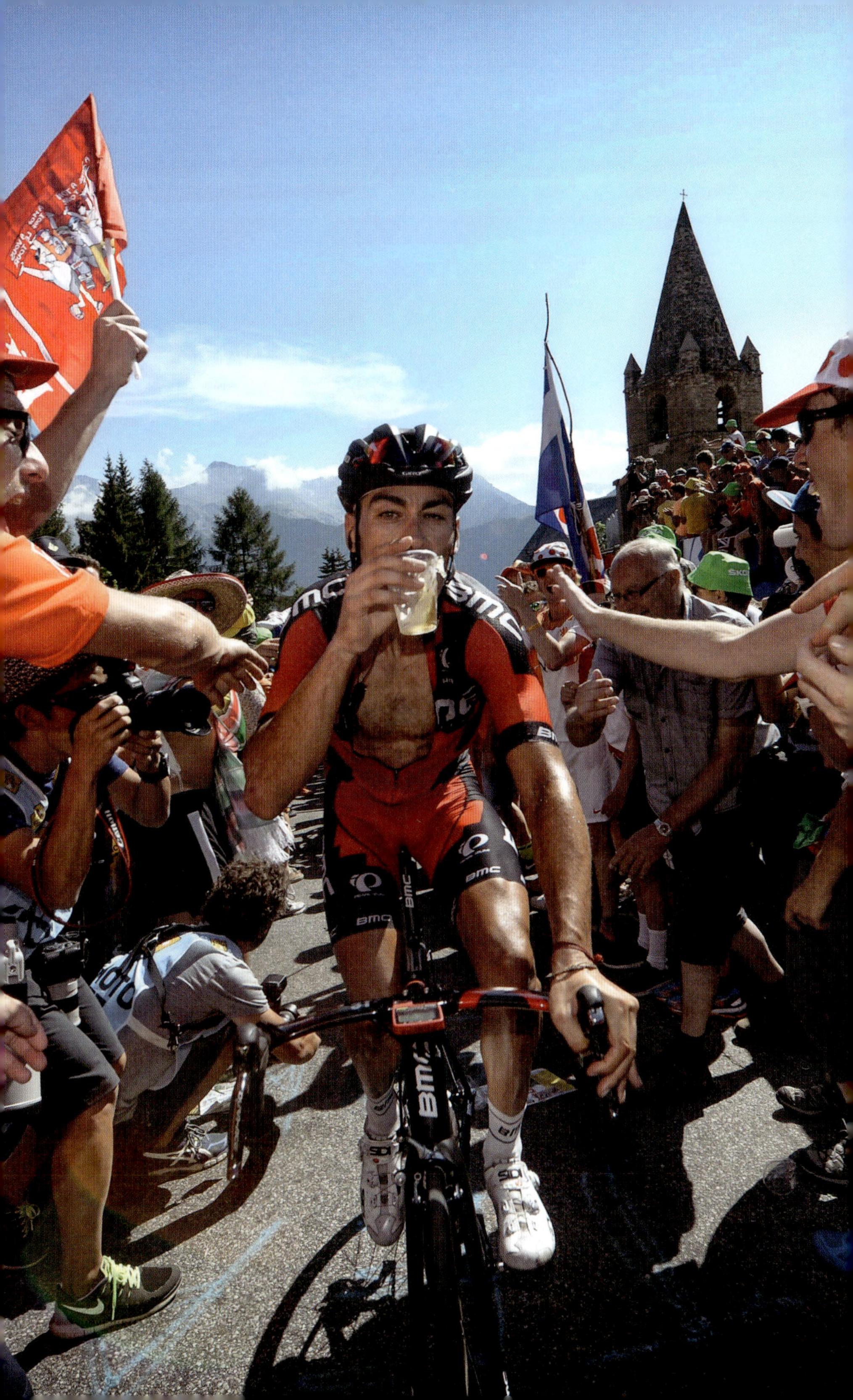

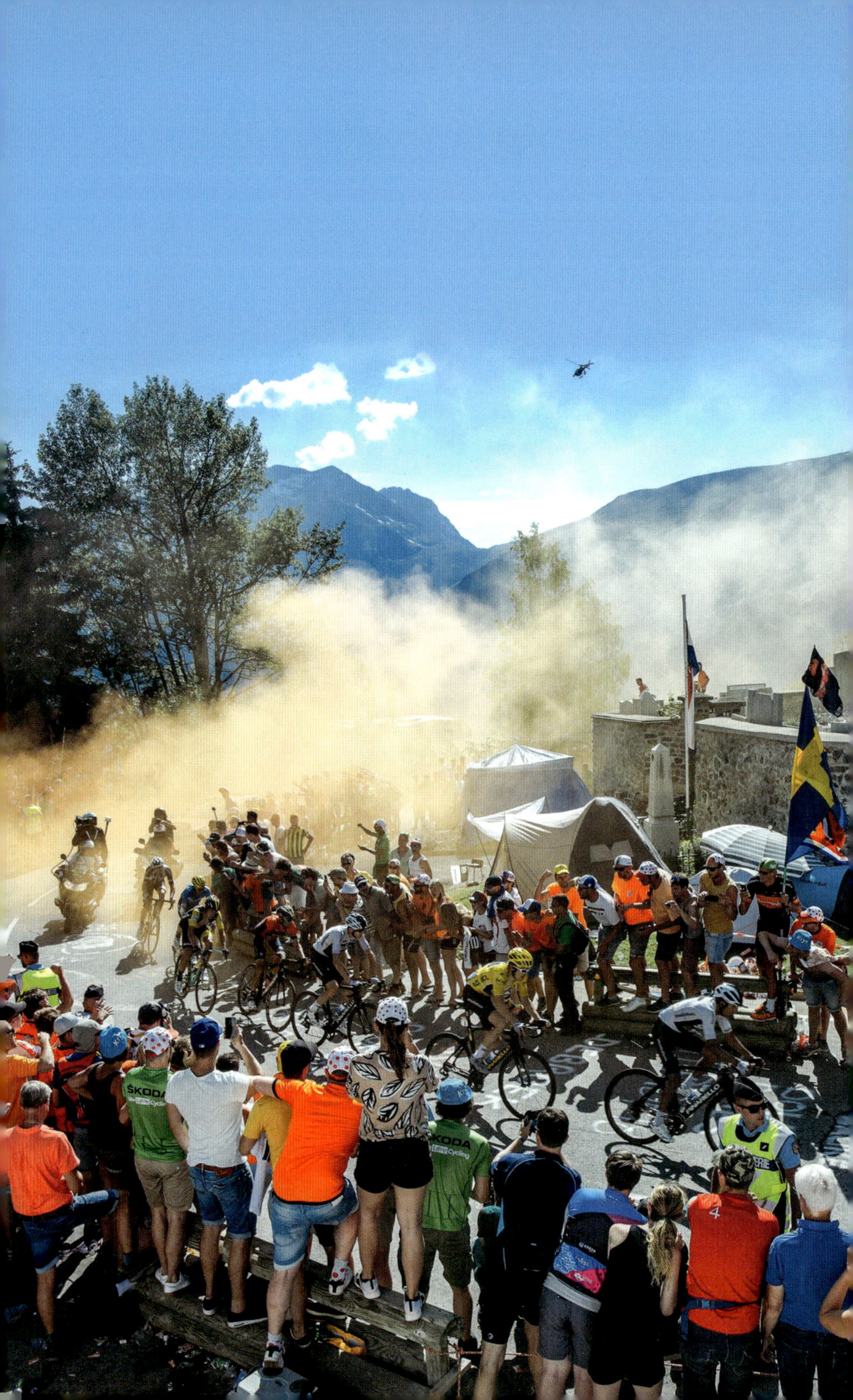
ŠKODA
ŠKODA

Der »Berg der Holländer« ist ein wahrer Hexenkessel – Manuel Quinziato (Italien) bahnt sich den Weg durch die Zuschauer. Vor allem in Kehre sieben, an der Église Saint-Ferréol, treffen sich Radsportfans aus aller Welt und sorgen für unvergessliche Momente für alle Beteiligten.

JÜRGEN LÖHLE: AM FRIEDHOF IST DIE HÖLLE LOS

Genau zählen kann man sie nicht – aber es waren vor Corona Jahr für Jahr bis zu zwölf Millionen Menschen, die bei der Tour de France an die Strecke pilgerten. Und das wird auch wieder so sein, wenn es die Pandemie nicht mehr gibt. Diese ungeheure Anziehungskraft der Tour verwundert doch ein wenig. Klar, im Juli haben die meisten Europäer Urlaub, also Zeit. Aber es ist schon etwas ganz anderes, eine Alpenetappe zu besuchen, als ein Fußballspiel in einem Stadion. Wer einen guten Platz mit viel Sicht auf ein langes Stück Strecke haben will, muss tagelang vorher anreisen, am Straßenrand im Wohnmobil oder Zelt kampieren und zur nächsten Kneipe kilometerweit laufen oder radeln, weil das Auto oder Wohnmobil oft schon Tage vor dem Rennen nicht mehr bewegt werden kann. Sonst ist die Lücke in fünf Minuten zu. Oder die Strecke ist bereits gesperrt. Das passiert zum Beispiel in Alpe d'Huez schon zwei Tage vor dem Rennen. Da stellen die Organisatoren auf den letzten fünf Kilometern der Strecke Barrieren zwischen den Straßenrand und die Wohnmobile.

CHAOS AM STRASSENRAND

Als Journalist hat man mit den Fans eigentlich keine Probleme. Klar muss man in den Bergen im Auto auf dem Weg ins Etappenziel auf die Legionen von Hobbyradlern achten, die sich die berühmten Passstraßen hochkämpfen. Man sieht da alles – von Velo-Hipstern auf edelsten Carbonrennern der neuesten Generation, deren tätowierte Beine aus allerfeinsten Radhosen made in England ragen, bis hin zu Traditionalisten, die sich mit vergleichsweise schweren Stahlrahmen aus den 80er-Jahren mit Unterrohrschaltung und Käfigpedalen der Herausforderung stellen. Wenn man die Radler aber mit Respekt, moderatem Tempo und Abstand überholt, herrscht friedliches Miteinander. Wer hupt und drängelt, der kriegt dagegen schon mal einen derben Fluch zu hören, in Ausnahmefällen auch einen Tritt gegen das Blech. Aber wirklich nur in Ausnahmefällen. Keine gute Idee ist es allerdings, gerade in Alpe d'Huez mit offenem Verdeck nach oben zu fahren. In der siebten von 21 Serpentinen ist die Hölle los, obwohl sie an einer Kirche mit Friedhof vorbeiführt. Diese Kurve ist seit den 80er-Jahren der Treff der holländischen Fans. Dort herrscht ein akustischer Orkan aus dicken Boxen über einem wogenden Meer aus orangefarbenen Fahnen und ziemlich betrunkenen Fans, die einem gern auch mal einen Becher Bier ins Auto kippen. Gar nicht böse gemeint, einfach so, aber das braucht natürlich kein Mensch. Bei der 100. Tour kapitulierte sogar ein Profi vor den Fanmassen. Der Australier Adam Hansen nahm ein ihm entgegengerecktes Bier, fuhr damit winkend durch die Menschenmenge und genehmigte sich einen Schluck. Wie das seinem belgischen Team Lotto Soudal gefallen hat, ist nicht bekannt.

Aber es ist schon erstaunlich, wen man so alles am Straßenrand trifft. 1994 fuhr ich beim Bergzeitfahren in Savoyen von Cluses hinauf nach Avoriaz langsam am Spalier der Fans vorbei, als plötzlich viele junge Männer im einheitlichen Trainingsanzug akkurat aufgereiht und mit großen Augen am Straßenrand standen. Davor ein Mann, der auf die im Minutenabstand vorbeihastenden Profis deutete und den Trainingsanzügen etwas zu erklären schien. Die Sportler gehörten zu einer Schweizer Profi-Fußballmannschaft. Ich bin mir ziemlich sicher, dass es die Young Boys Bern waren, beschwören kann ich es aber nicht.

JÜRGEN LÖHLE

"

**ES IST EIN REFLEX,
DEM MAN SICH NICHT
ENTZIEHEN KANN.
ICH HAB ES SELBST
ERLEBT. AM TOURMALET
STAND ICH VOR JAHREN
MIT DEN FANS AM
STRASSENRAND.
ALS DIE ERSTEN PROFIS
KAMEN, WAR ES WIE
EINE FERNSTEUERUNG.**

"

Fakt ist aber, dass mir der Trainer auf meine Frage, was er denn mit seinen Kickern hier mache, sinngemäß Folgendes antwortete: Seine Jungs hätten im Training über die Hitze und die angebliche Härte seiner Übungen geklagt. Daraufhin habe er beschlossen, ihnen »einmal brutal harten Männersport« zu zeigen. Und so mussten die Herren Fußballprofis stundenlang aufgereiht am Straßenrand stehen und zuschauen, wie sich die Tour-Profis in glühender Hitze von Cluses die 42,5 Kilometer zur Skistation Avoriaz hochquälten. Das Ganze sozusagen als Lektion, wie es aussieht, wenn es mal richtig heiß ist und wehtut. Ob die Fußballer danach das Klagen beim Training eingestellt haben, weiß ich nicht. Sie sahen aber einigermaßen beeindruckt aus, vor allem als kurz vor Schluss der sonst so coole Miguel Indurain im Gelben Trikot auf ihrer Höhe vor Anstrengung ziemlich die Zähne fletschen musste.

Die Tour also mal als Schule des Sportlerlebens. Wobei es bei den Zuschauern natürlich auch Dinge gibt, die nahezu unerklärlich sind. Mir ist bis heute nicht klar, was Menschen bewegt, sich aufs Schrägste, Schrillste oder auch auf das Hässlichste zu verkleiden, um dann brüllend bis fast zum Kreislaufkollaps neben den Profis herzurennen. Natürlich wollen sie damit ins Fernsehen, aber allein das kann es ja wohl nicht sein. Anfangs war mir auch nicht klar, wie aus an und für sich ruhigen und vernünftigen Menschen innerhalb von Sekunden schreiende Hüpfburgen werden können, die mit schrecklichen Grimassen, die Kinder zum Weinen bringen würden, den Fahrern zujubeln. Heute weiß ich es: Es ist ein Reflex, dem man sich nicht entziehen kann. Ich hab es selbst erlebt. Am Tourmalet stand ich vor Jahren mit den Fans am Straßenrand. Als die ersten Profis kamen, war es wie eine Fernsteuerung. Die Fäuste ballen und mit den Armen rudern, sich dabei nach vorn beugen und irgendetwas wie »Hau rein!«, »Gib alles!!« oder einfach »Jaaaaaaaaaa!!!« zu brüllen, als würde es nach Dezibel bezahlt, geht automatisch und so problemlos, als hätte man noch nie etwas anderes gemacht. Es ist einfach so: Dem hysterischen Wahn kann man sich partout nicht entziehen. Wohl aber dem Drang, zu dicht an die Fahrer heran zu springen. Noch schlimmer ist nur, gar nicht auf die Fahrer zu achten, um zum Beispiel mit einem Pappschild »Omi und Opi« zu grüßen, wie die junge Frau bei der ersten Etappe der Tour 2021. Der durch sie verursachte Massensturz brachte rund 50 Profis brutal zu Fall und die 31-Jährige vor Gericht. Als Erster fiel Tony Martin, der so ein paar Tage später seine ohnehin letzte Tour verletzt aufgeben musste. Zu viel Nähe der Fans sollte also nicht sein. Begeisterung dagegen schon. Und die hält dann so lange, bis der Besenwagen vorbei ist. Danach sinken Blutdruck und Puls wieder in den gesunden Bereich und man ist heiser. Seither weiß ich, dass die Fans bei der Tour zwar oft verrückt wirken, die meisten es aber nicht sind. Sonst bin ich es auch.

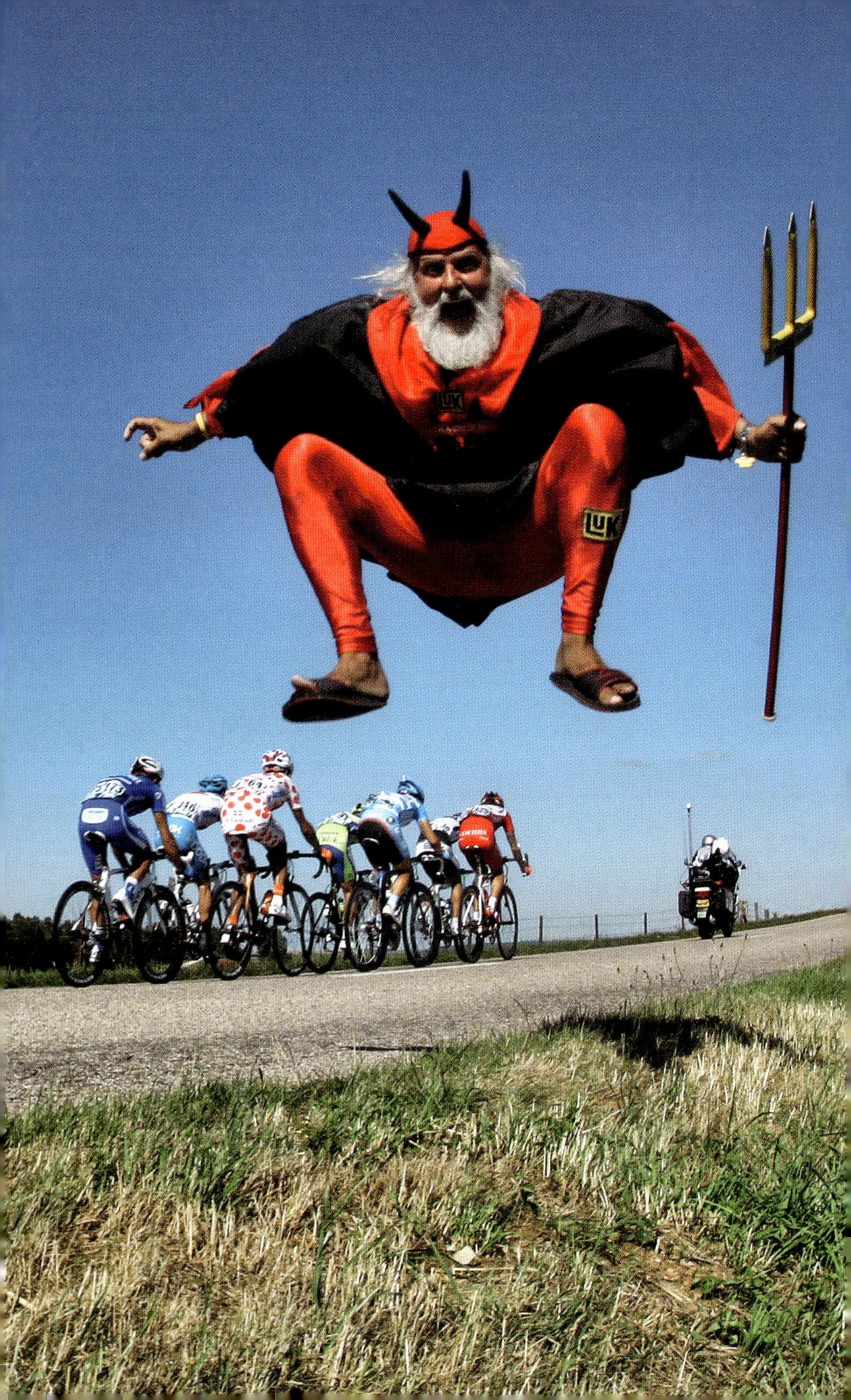
LuK

Lange vor Jan Ullrich – bereits seit 1993 – sorgte ein anderer Deutscher für Stimmung bei der Tour de France: Tour-Teufel Didi Senft ist in seinem rot-schwarzen Kostüm und mit Dreizack immer gut zu erkennen.

KARSTEN MIGELS: KARNEVAL IM HOCHSOMMER

Im Jahr 2020, als Corona-bedingt nur sehr wenige Zuschauer an der Strecke standen, wurde sehr deutlich, was mit ihnen fehlt, den Fans aus allen Ecken der Welt: Es gibt keine Menschenmassen, die stundenlang auf die Sportler warten, keine Fans, die Steigungen bevölkern und für einen so höllischen Lärm sorgen, dass die Fahrer die Anweisungen der Teamleitung über den »kleinen Mann im Ohr« nicht mehr hören können. Keine Fans, die sich freuen, wenn Stunden zuvor die Werbekarawane der Tour ihre Geschenke verteilt. Keine kostümierten »Verrückten«, die den Fahrern hinterherlaufen, sie teilweise fast umrennen, um so ein bisschen Aufmerksamkeit auf sich zu ziehen. Keine Camper am Straßenrand, die Frankreich aus der Luft aussehen lassen, als wäre das Land in diesen drei Juliwochen der größte Campingplatz der Welt. Keinen Didi Senft, der als Tour-Teufel seit Jahrzehnten während der Etappen auftaucht, den Fahrern »Feuer« unter dem Sattel macht und mit seinem roten Outfit weit über die Grenzen Europas hinaus bekannt ist.

Eigentlich ist es für uns als akkreditierte Begleiter der Tour relativ einfach, nach den Bergankünften irgendwo in den Alpen oder Pyrenäen den Zielbereich zu verlassen. In der Regel setzen wir uns nach der Arbeit ins Auto und fahren los. Im Idealfall werden wir in einem Konvoi von der Gendarmerie begleitet ins Tal gebracht. Wir rauschen Auto an Auto mit zum Teil rasanter Geschwindigkeit an den Zuschauern vorbei, die sich dann bereits zu Fuß auf den Weg zu ihren irgendwo im Tal geparkten Fahrzeugen machen. Oft liegen nach einem langen Tag an der Strecke noch viele Kilometer Fußmarsch mit Rucksäcken, Picknickkörben, Campingstühlen und -tischen, Sonnen- und Regenschirmen vor ihnen, bis irgendwann das Auto erreicht ist. Nicht zu vergessen, dass sie diese Strecke bereits am Vormittag in die entgegengesetzte Richtung gelaufen sind und die An- und Abfahrt mit dem Pkw auch noch dazugehört! Ein riesiger Aufwand, um die Tour unmittelbar zu erleben. Aber klar, wer sich dieses Spektakel, die größte jährlich wiederkehrende Sportveranstaltung der Welt, einmal angesehen hat, den zieht sie in ihren Bann und lässt ihn nicht mehr los.

Es sind ja nicht nur die Radprofis, die für diese Anziehungskraft sorgen, vielmehr ist es das gesamte Drumherum. In gewisser Weise ist es mit einem gut inszenierten Theaterstück vergleichbar. Nach den ersten Stunden des Wartens, die mit Essen, Trinken und Geselligkeit verbracht werden, kommt die Werbekarawane vorbei und befördert nicht nur die Give-aways in die wartende Menge, sondern treibt auch den Puls der meisten Zuschauer nach oben. Alle wissen, das Warten hat bald ein Ende und die ersten Fahrzeuge der Organisation und der Medien werden demnächst an einem vorbeirauschen. Es fühlt sich irgendwie wie Weihnachten an: nur noch wenige Minuten bis zur Bescherung. Es wird immer unruhiger, und bald sind alle Besucher von ihren Plätzen, auf denen sie die letzten Stunden verbracht haben, aufgestanden und stehen dicht gedrängt an der Rennstrecke. Aus der Entfernung ist das Knattern des ersten Hubschraubers zu hören, und einige Teamfahrzeuge, die vorbeifahren und mit der typischen Tour-Hupe ausgestattet sind, vermitteln allen das Gefühl, mitten im Herzen dieser großen Show zu sein. Die Vorbeifahrt selbst geht dann relativ schnell.

Die Kenner der Szene wissen um die genaue Reihenfolge der Fahrzeuge, die dicht am Fahrerfeld dran sind. Hinter den neutralen Materialfahrzeugen kommt das rote Direktionsfahrzeug, und mit etwas Glück kann man einen Blick auf Tour-Direktor Christian Prudhomme werfen, der darin die Etappen begleitet. Die Rennfahrer selbst rauschen in einer kaum vorstellbaren Geschwindigkeit an einem vorbei, und daher ist dieser Höhepunkt des Tages in wenigen Minuten bereits Geschichte, spätestens aber, wenn der berühmte Besenwagen, das *voiture-balai*, den Zuschauer passiert hat.

Ich hatte dieses einschneidende Erlebnis zum ersten Mal 1976 in den Vogesen. Seitdem kann ich nur zu gut verstehen, dass sich jedes Jahr Millionen auf den Weg machen, um die Tour live zu erleben. Viele der Tour-de-France-Touristen planen ihren Jahresurlaub exakt nach dem Verlauf der Route und entscheiden sich früh für ihre Highlights. Einmal sind das eben die letzten Kilometer einer Bergankunft, beim nächsten Mal ist es die *flamme rouge* oder der Start einer Etappe, und am Ruhetag vielleicht das Hotel der Lieblingsmannschaft oder des Lieblingsfahrers, um ein paar Autogramme oder ein Selfie zu bekommen. Als das Internet in der heutigen Form noch nicht existierte und die Streckenpläne mit allen Details noch nicht online zur Verfügung standen, war es bedeutend schwieriger, an Informationen über die Start- und Zielorte der Etappen oder die Marschtabelle zu gelangen. Nur einschlägige Magazine oder die *L'Équipe* am gut sortierten Bahnhofskiosk waren bei der Planung hilfreich.

Für uns Reporter bedeuten viele Zuschauer an der Rennstrecke auch eine angepasste zeitliche Planung. Mittlerweile wissen wir aus Erfahrung, dass wir bei den Bergankünften für die letzten 30 bis 50 Kilometer deutlich mehr Zeit einplanen müssen als bei einer Flachetappe oder den Ankünften in größeren Städten. Bei den Bergankünften sind einfach viel mehr Zuschauer auf der Strecke unterwegs, und bis jeder seinen Platz gefunden hat, bedeutet das für uns, dass wir uns mit einem Stop-and-Go an unsere Position auf dem Berg heranarbeiten müssen.

Immer wieder treffen wir dabei auf alte Bekannte: Zuschauer, die die Tour seit Jahren regelmäßig begleiten und vor allem durch ihre besondere Aufmachung auffallen. Kostümiert wie an Karneval, winken und jubeln sie den Insassen der offiziellen Tour-Fahrzeuge zu, und die absoluten Hardcore-Fans haben dazu noch ihr Auto oder den Camper mit allem dekoriert, was einen Bezug zum Radsport, zu ihrer Leidenschaft, herstellt. Es ist dabei völlig egal, welcher Nationalität jemand angehört, und es ist auch nicht entscheidend, welcher Fahrer oder welches Team einem persönlich nahesteht. Tour de France – und man kann an dieser Stelle auch alle anderen Radrennen einbeziehen – bedeutet für die Fans an der Strecke ein Miteinander. Miteinander warten und Spaß haben und sich zu freuen, einfach diese Zeit an der Rennstrecke genießen. Natürlich gibt es dabei auch mal Fans, die Bengalos zünden, bis der Rauch alles verdeckt und fast nichts mehr zu erkennen ist. Aber dennoch läuft alles friedlich ab, und Hooliganismus ist im Radsport bis heute zum Glück ein Fremdwort.

Ein größeres Problem für die Fahrer sind in den letzten Jahren allerdings die Selbstdarsteller und Selfie-Fotografen geworden. Immer wieder wird in der Aufregung, im Lärm der Fahrzeuge und dem Knattern des Hubschraubers vergessen, dass die Fahrer mit einer enormen Geschwindigkeit unterwegs sind. Man kann eben nicht noch schnell mal die Straßenseite wechseln, wenn das Peloton näherkommt. Und schon gar nicht ist es zu empfehlen, sich rücklings zu den Fahrern zu stellen, um so das vermeintlich bessere Selfie zu machen. Es gab in den letzten Jahren schon einige Initiativen der Tour-Organisation in Zusammenarbeit mit den Fahrern und der Fahrer-Gewerkschaft CPA *(Cyclistes Professionnels Associés)*, um bei den Fans auf dieses Problem hinzuweisen. Aber leider ist es bis heute nicht zu allen vorgedrungen, sodass es auch dadurch immer wieder zu Stürzen kommt. Das bekannteste Beispiel aus jüngster Zeit ist der Sturz von Tony Martin und weiteren zirka 50 Fahrern während der 1. Etappe der Tour de France 2021, als eine Zuschauerin ein Pappschild mit der Aufschrift »*Allez Opi-Omi!*« in die Kamera hielt. Es geht ganz einfach auch um den Respekt den Sportlern gegenüber, die viele Monate für das Rennen trainiert haben und schließlich durch eine Unachtsamkeit eines Zuschauers stürzen und im schlimmsten Fall aufgeben müssen.

Im Jahr 2021 waren die Zuschauer bei der Tour zurück, und allen Teilnehmern wird das in besonderer Erinnerung bleiben. Für den österreichischen Radprofi Michael Gogl war die Rückkehr der Zuschauer, insbesondere der Kinder und Jugendlichen, etwas ganz Besonderes, und er sagte dazu: »Wenn man in die Augen der vielen Kinder blickt, dann weiß man, dass die Tour einen riesigen Mehrwert hat. Es ist cool, wie überfordert sie teilweise rein vor Freude sind, wenn wir an ihnen vorbeirasen. Und wenn sie dann eine Trinkflasche von uns bekommen, dann ist die Begeisterung und das Funkeln in den Augen nicht mehr zu überbieten.«

Für viele Zuschauer ist die Tour de France deutlich mehr als eine länderübergreifende Sportveranstaltung, als ein Fahren von A nach B mit Zwischensprint, Bergwertung und einem Etappensieger oder der finalen Siegerehrung auf der *Avenue des Champs Élysées.* Die Tour de France ist für die meisten mit unendlich schönen Erinnerungen verknüpft. Kindheitserinnerungen, die bis ins hohe Alter gelebt werden, und manchmal auch Träume, die Wirklichkeit geworden sind. Die Tour ist ein ungefährliches Virus. Aber wer einmal damit infiziert ist, wird es kaum jemals wieder los.

TYPEN, DIE MAN NICHT VERGISST

EDELHELFER, SPITZENFAHRER UND BODYGUARDS

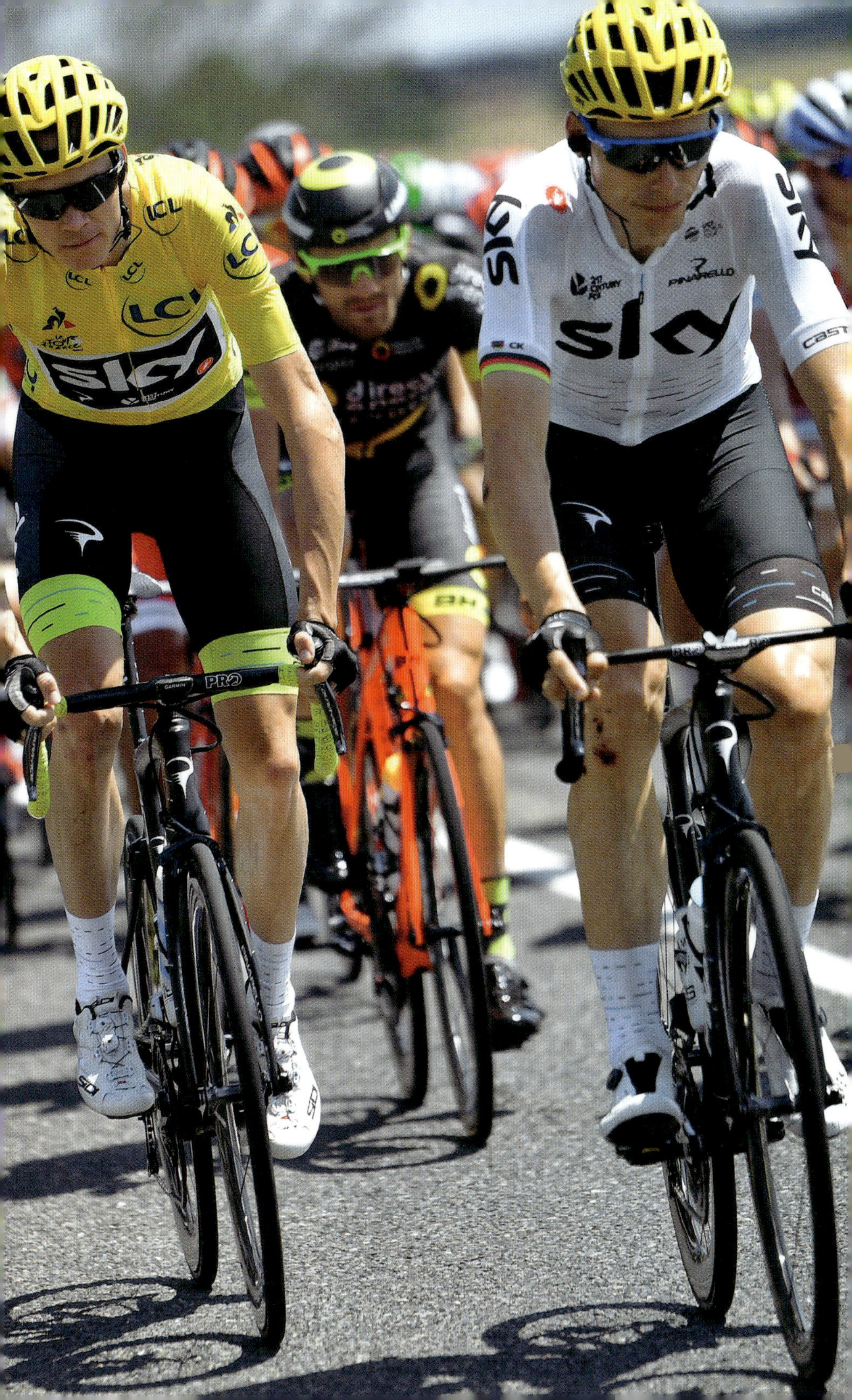
LCL
sky
PINARELLO
PRO
BH

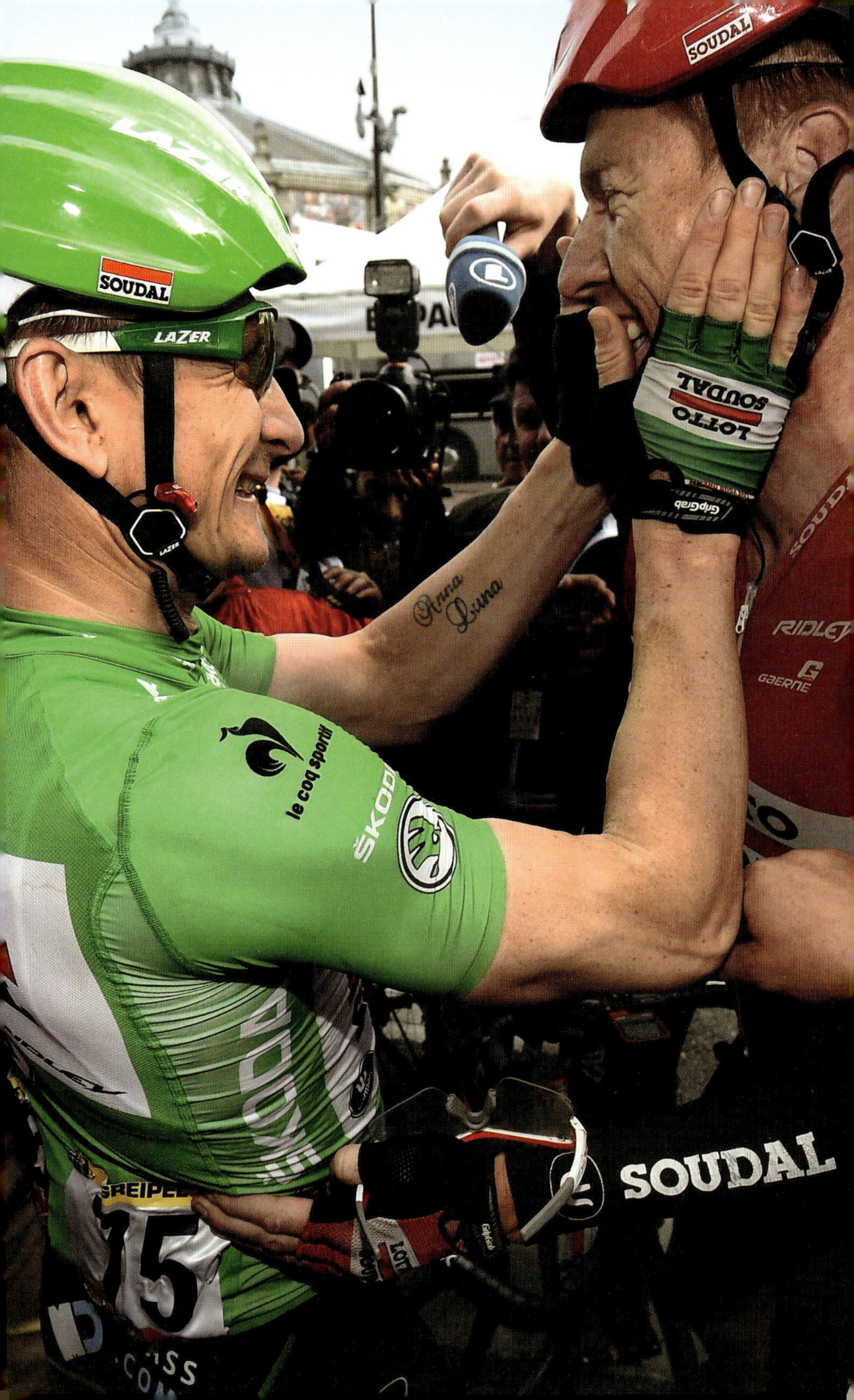

LAZER
SOUDAL
LAZER
SOUDAL
LOTTO SOUDAL
GripGrab
Anna Luna
le coq sportif
ŠKODA
RIDLEY
GAERNE
GREIPEL
15
SOUDAL

Im Schatten ihrer Kapitäne, aber unverzichtbare Helfer auf dem Weg zum Sieg! Edeldomestiken, Wasserträger oder L'Équipier: Christian Knees (vorhergehende Seite) und Marcel Sieberg gehörten zweifelsohne zu den besten.

KARSTEN MIGELS: UNVERZICHTBARE EDELHELFER

Begriffe wie Wasserträger, Domestike und Edelhelfer für Fahrer der zweiten Reihe sind wohl den meisten Tour-Zuschauern bekannt. Franzosen sprechen auch von einem L'Équipier, die Italiener vom Gregario, und im niederländischen Sprachgebrauch gibt es den Knecht. Auch wenn diese Begriffe heute seltener verwendet werden, weil die Aufgabenstellungen in den Teams komplexer geworden sind, werden Fahrer in diesen Rollen immer noch benötigt. Den Edeldomestiken von früher kann man mit dem heutigen *Capitaine de Route* vergleichen, also einem Teamkollegen, der in der Lage ist, auch selbst Rennen zu gewinnen, wenn er seitens des Teams die Chance dazu erhält. Solche Fahrer verfügen durch Instinkt und Erfahrung über die Fähigkeiten, wichtige Rennsituationen zu erkennen und die Gegner einschätzen zu können. Sie sind zudem mit den Strecken vertraut. Diese Fahrer sind für die Sportlichen Leiter und die Mannschaften selbst so unentbehrlich, dass sie oft über Jahre hinweg fester Bestandteil eines Teams sind. Ihre Kapitäne wissen ebenfalls um ihren Wert, und daher ist es gar nicht so selten, dass sie an der Seite des Kapitäns bleiben, wenn dieser das Team wechselt.

SOLCHE FAHRER VERFÜGEN DURCH INSTINKT UND ERFAHRUNG ÜBER DIE FÄHIGKEITEN, WICHTIGE RENNSITUATIONEN ZU ERKENNEN UND DIE GEGNER EINSCHÄTZEN ZU KÖNNEN.

Unter den Helfern im Radsport gibt es sehr unterschiedliche Typen: Der eine ist auf Flachetappen bei starkem Wind besser einzusetzen als bei einer Bergetappe, und der andere kann einen Massensprint so optimal vorbereiten, dass der Sprinter des Teams das erhoffte Resultat auch einfährt. Die Liste dieser Helfer ist deutlich länger als die der Team-Kapitäne, und daher ist es für mich gar nicht so einfach, hier jeweils einen Fahrer auszuwählen.

Einer der wichtigsten dieser Helfer war Marcel Sieberg aus Bocholt, der Ende 2021 seine Laufbahn als Profi beendet hat. Durch seine Größe von fast zwei Metern war »Sibi« im Feld immer sehr gut zu erkennen, und wenn Sibi zu sehen war, war Sprinter André Greipel nie weit weg. Beide sind Jahrgang 1982 und schon als Jugendliche Rennen gegeneinander und später als Nationalfahrer miteinander gefahren. In ihren ersten Jahren als Berufsfahrer waren sie bei unterschiedlichen Teams unter Vertrag, bis Marcel Sieberg für das Jahr 2008 ebenfalls beim damaligen Team High Road, dem Nachfolger des Team T-Mobile, unterschrieb. Bis zu diesem Zeitpunkt hatte Sieberg mit dem GP Jef Scherens in Belgien und der Ronde van Drenthe in den Niederlanden (als erster Deutscher) bereits zwei Rennen gewonnen. Sieberg sollte 2008 zunächst in der Sprintvorbereitung für Gerald Ciolek eingesetzt werden, hatte dann aber in der Folgezeit immer mehr Einsätze an der Seite von André Greipel. Für das Duo folgten noch zwei weitere Jahre bei dem in den USA lizenzierten Team, und danach acht gemeinsame Jahre in Belgien bei Lotto Soudal. Sieberg sagte am Ende seiner Laufbahn, dass man in eine Position hineinwächst und er dabei das gemacht hätte, was er am besten kann. Er war nie neidisch auf Greipel, und das Zusammenspiel hat immer super funktioniert. Bezeichnend für das Miteinander der beiden ist die Tatsache, dass es sich nach Siegen von Greipel für Marcel Sieberg so angefühlt hat, als hätte er selbst gewonnen.

In seinen 17 Jahren als Profi hat Marcel Sieberg 36 Radsport-Monumente – also Rennen, die bereits vor dem Ersten Weltkrieg ausgetragen wurden – bestritten und stand elfmal bei einer Grand Tour am Start.

Ausgerechnet bei seiner letzten Tour de France, 2018, wurde er gemeinsam mit seinem Freund André Greipel vorzeitig aus dem Rennen genommen. Schuld war unter anderem die zu kurz bemessene Karenzzeit auf der damaligen Königsetappe nach Alpe d'Huez. Marcel Sieberg ist mir in zwei Jahrzehnten als Sportler nicht ein einziges Mal negativ aufgefallen, er war eigentlich immer gut drauf, gesprächsbereit und für einen lockeren Spruch zu haben. Ende 2018, nach elf Jahren engster Zusammenarbeit, trennten sich die Wege von »Sibi« und André Greipel. Marcel Sieberg erklärte schließlich im Juni 2021 sein Karriereende als Profi-Fahrer. Als Sportlicher Leiter wird er nun versuchen, seine Erfahrung und seine Leidenschaft mit der Radsportwelt zu teilen.

Ähnlich wie bei Marcel Sieberg verlief die Karriere des 1981 in Bonn geborenen Christian Knees. Bis zu seinem Wechsel im Jahr 2011 zur britischen Mannschaft Sky gewann Knees »Rund um Köln« (2006), die Bayern-Rundfahrt (2008) und wurde 2010 in Sangerhausen Deutscher Meister. Wie sein 21. Platz (nach der späteren Disqualifikation von Lance Armstrong und Mikel Astarloza wegen Dopings wird er heute sogar als 19. gelistet) in der Gesamtwertung der Tour de France 2009 belegt, wäre Christian Knees in der Lage gewesen, für andere Mannschaften als Teamkapitän zu fungieren und bei großen Rundfahrten auf das Gesamtklassement zu fahren. Als Helfer engagiert, bestritt er 2011 bei Sky an der Seite von Bradley Wiggins bereits seine neunte Grand Tour und zum sechsten Mal die Tour de France. Leider stürzte Kapitän Wiggins in der ersten Woche und fiel mit einem gebrochenen Schlüsselbein aus, sodass es für das ein Jahr zuvor gegründete Team nichts mit einem Podiumsplatz in Paris wurde. Nur ein Jahr später hatte Knees sich als Helfer in der Mannschaft unentbehrlich gemacht und wurde für die Tour erneut als »Bodyguard« für Bradley Wiggins nominiert. Drei Wochen später gewann sein Kapitän als erster Brite die Tour mit Christian Knees an seiner Seite. Und nicht zu vergessen: Teamkollege Chris Froome kam am Ende auch noch auf Rang zwei in Paris an. In diesen zehn Jahren beim britischen Team hätte er nie das Gefühl gehabt, arbeiten zu müssen, sagt Knees. Ganz im Gegenteil: Sky – im letzten Jahr seiner Laufbahn unter dem Namen Ineos am Start – war für ihn neben seiner eigenen Familie im nordrhein-westfälischen Rheinbach ein zweites Zuhause geworden. Als Helfer das Feld anzuführen und über Funk die Mitteilung zu bekommen, dass gegnerische Fahrer nicht mehr folgen könnten, das fühle sich teilweise besser an als ein Sieg, sagte er in einem Interview. Dennoch hat Christian Knees »gewonnen«: Zweimal – 2012 mit Bradley Wiggins und 2017 mit Chris Froome – brachte er seinen Kapitän als Sieger in die französische Hauptstadt; einmal gewann das Team die Mannschaftswertung in Paris. Auch der viermalige Tour-Sieger Froome wusste die Fähigkeiten seines *Capitaine de Route* zu schätzen und wollte nicht auf seine Unterstützung während seiner Siege beim Giro d'Italia und der Vuelta a España verzichten. Die große Wertschätzung, die ihm als Edelhelfer entgegengebracht wurde, und die Vertragsverlängerungen dürfen ihn am Ende von 17 Jahren Berufsradsport, alleine zehn davon bei einem der erfolgreichsten Teams der letzten Jahre, zu Recht stolz machen.

Es ist zusätzlich eine sehenswerte Bilanz, bei allen fünf Radsport-Monumenten – von Mailand–Sanremo bis zur Lombardei-Rundfahrt – insgesamt 31-mal am Start gestanden und in dieser Zeit auch bei 19 Grand Tours das Ziel erreicht zu haben. Vielleicht ist der einzige Wermutstropfen in all diesen Jahren der 9. September 2014, als Christian Knees wegen eines Magen-Darm-Virus die Spanien-Rundfahrt vorzeitig beenden musste. Es blieb die einzige dreiwöchige Rundfahrt, bei der er nicht ins Ziel kam. Die Frage, ob es mehr persönliche Siege hätten sein können, stellt sich für Christian Knees nicht. Es bedeutet ihm mehr, über diese lange Zeit einer der weltbesten Domestiken gewesen zu sein.

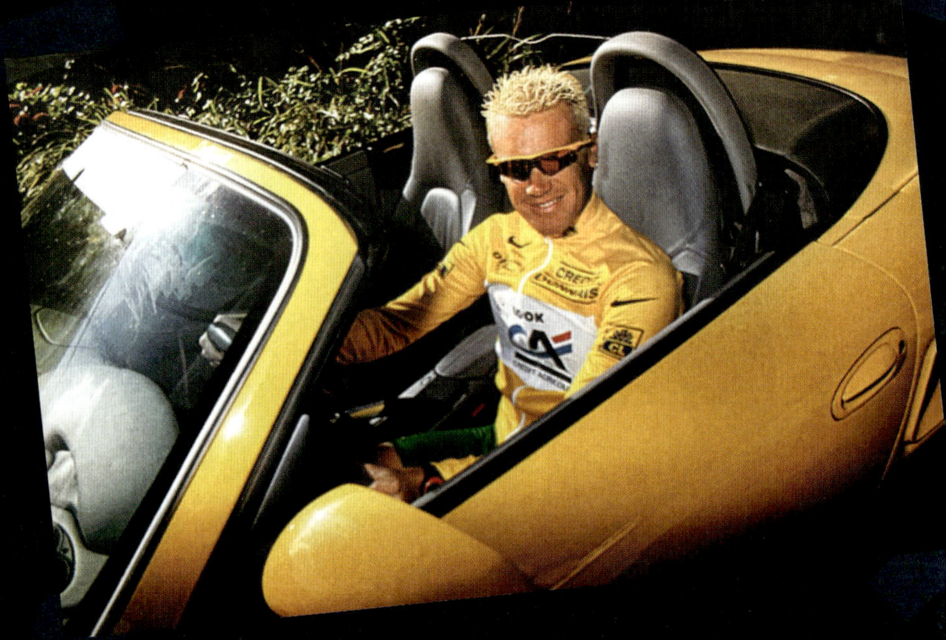

Lockangebot mit dem »Dienstwagen«:
Nach einer Runde im Cabrio hat Stuart O'Grady noch kurz Zeit für ein Interview.

JÜRGEN LÖHLE: DAS TREFFEN AN DER *FLAMME ROUGE*

Die Tour de France ist eigentlich kein Ort, an dem man besonders eng in Kontakt mit den Fahrern kommt. Die haben während der drei Wochen weiß Gott andere Sorgen, als sich mit Journalisten zu unterhalten. Zumindest gilt das für all jene, die als Kandidaten auf den Gesamtsieg oder eines der Trikots unterwegs sind. Die stehen beim hektischsten Rennen der Welt dermaßen unter Druck und im Rampenlicht, dass sie froh um jeden Moment sind, in dem die Tür hinter ihnen zugeht und sie allein sind. Bei anderen Radrennen ist das manchmal anders, auch bei ganz großen. Ich erinnere mich noch gut an Mailand–Sanremo 1997. Erik Zabel gewann zum ersten Mal den berühmten Frühjahrsklassiker – und wusste gar nicht so recht, wohin mit seiner Freude, denn es waren damals so gut wie keine Journalisten vor Ort. Aus dem Printbereich war ich der Einzige, der damals im Ziel stand. Ich konnte gar nicht so schnell schreiben, wie der glückliche Sieger redete. Es war bis dahin Zabels größter Sieg bei einem Klassiker, und dass er dieses Rennen noch viermal gewinnen würde, konnte er ja nicht wissen.

So richtig skurril wurde es dann aber nach der Siegerehrung. Zabel musste noch zur Dopingkontrolle, und der Pressemann vom Team Telekom wollte ihn begleiten. Der trug aber den riesigen Siegerpokal, den er mir deshalb mit den Worten »Kannst du den mal bitte in unser Hotel bringen?«, in die Hand drückte. Er nuschelte noch etwas wie »Nur ein paar Meter hier die Straße runter«, dann war er weg, und so lief ich mit dem Siegerpokal im Arm zusammen mit den abziehenden Fans mitten durch Sanremo. Zum Glück waren es bis zu diesem Hotel tatsächlich nur wenige Minuten, und zum Glück kam keiner auf die Idee, dass ich den Pott vielleicht geklaut haben könnte. Auf jeden Fall war ich nie mehr so nah an einer Radtrophäe wie damals auf der Via Roma in Sanremo. Bei der Tour de France ist so etwas schlicht nicht möglich. Zum einen gibt es nach den Etappen keine Pokale, sondern Trikots, Blumen und Stofflöwen. Und dass man kurz nach Rennschluss so nah an einen Fahrer herankommt, dass man ihn sozusagen exklusiv hat, ist mittlerweile so gut wie unmöglich und war bei den beiden Corona-Rennen 2020 und 2021 sogar komplett ausgeschlossen. Vielen Profis kommt diese Ruhe gar nicht so ungelegen. Aber es gibt auch welche, die in den wenigen Stunden zwischen Rennen, Massage, Essen und Schlafen gerne noch etwas anderes tun, als nur die Beine hochzulegen. Zum Beispiel eine Kolumne schreiben, also keinen kurzen Tweet, sondern einen durchaus längeren Text, der die Leser mitnimmt in den für Normalos unsichtbaren Tour-Alltag abseits des Rennens.

Normalerweise funktionieren Sportlerkolumnen ja so, dass die Athleten ihren Namen hergeben und abends mit einem Schreibprofi telefonieren, der dann das vom Aktiven Erlebte unter dem Namen des Profis auf Zeitungspapier oder ins Netz bringt. 2004 bekam ich den Hinweis, dass Uwe »Aki« Peschel, Profi beim Team Gerolsteiner, ein durchaus talentierter Schreiber sei und für sein Team seine zweite Tour de France fahren würde. Ich war zunächst ein wenig skeptisch, aber der Olympiasieger von 1992 aus Berlin hat schon mit seinem ersten Text überrascht und verblüfft. Wir nannten die Kolumne »Akis Tretmühle«, und die Kollegen in der Redaktion hatten praktisch keinerlei Arbeit damit, außer dass Peschel immer erst auf den allerletzten Drücker lieferte. Überschrift drüber, ein klein wenig kürzen, das war's. Kein Zweifel – an Aki ist ein guter Beobachter und kreativer Schreiber verloren gegangen. Bewundernswert, wie er nach 200 Rennkilometern noch derart leichte und humorige Texte produzieren konnte. An einen erinnere ich mich noch gut. In »Massage von Simone« schwärmte Aki zeilenlang von dem großen Genuss, sich nach dem Rennen ins Hotelzimmer zu schleppen, um dort von Simone intensiv massiert zu werden. Die Spannung stieg mit jeder Zeile, und der Text endete dann so: »Nur zur Info für alle Männer, die jetzt neidisch lächeln, und alle Frauen, die meine Verlobte Claudia bemitleiden: Simone ist der Bruder von Davide Rebellin; ich wiederhole: der Bruder.« Ich hätte Uwe Peschel damals gern auch noch für die nächsten Touren als Kolumnist verpflichtet, aber Peschel fuhr 2004 mit 36 Jahren seine zweite und letzte Tour de France. Schade eigentlich.

Heute kann man mit Aki auf dem Rennrad Touren im Bodenseeraum fahren. Das macht Spaß, weil Profis nach ihrer Rennkarriere auch mal einen Tritt auslassen und ihr Tempo an der Gruppe ausrichten können. In ihrer aktiven Zeit ist das ein wenig anders, zumindest bei einigen. Das Team Telekom hat in seiner Hochzeit einige Jahre lang sozusagen zum Einstimmen auf die neue Saison und natürlich auch auf die Tour de France verschiedene Journalisten jeweils Anfang Dezember zu einem Mannschaftstreffen mit gemeinsamem Radfahren mit den Profis eingeladen. Als Hobbyradler reist man da natürlich mit ein wenig Skepsis an, auch wenn in der Einladung steht, dass es nur um ein bisschen entspanntes Mountainbiken am Nachmittag geht. Es war dann aber wirklich so – und auch die Stars wie Jan Ullrich oder Erik Zabel rollten derart locker, dass man ohne Kreislaufkollaps mitfahren konnte. Es war ihnen auch herzlich egal, wenn man ein paar Radlängen vor ihnen rollte. Nur Udo Bölts konnte das nicht so richtig gut ab. Der Kämpfer aus der Pfalz war als Profi einfach kein Typ zum Spazierenfahren. Zwei (oder mehr) Männer auf dem Rad plus ein Berg heißt für ihn: Rennen. Immer. Ich habe das mit Andreas Zellmer von der *dpa* ausgetestet.

Bei einer Runde um den Tegernsee haben wir uns abgesprochen, beim ersten Anstieg vom See weg in die Berge voll anzutreten und zu schauen, ob uns einer nachführe. Wir waren uns sehr sicher, dass unsere Attacke niemanden außer Udo Bölts interessieren würde. Und so war es dann auch. Am ersten Berg drückten wir derart in die Pedale, dass uns nach Sekunden klar war: Dieses Tempo halten wir maximal 200 Meter, danach sind wir tot. Zum Nachhintenschauen hatten wir schon gar keine Kraft übrig. War auch nicht nötig, denn keine 15 Sekunden später raste Udo Bölts an uns vorbei. »Wo wollt ihr denn hin?«, rief er – wir konnten aber wegen akuter Atemnot nicht antworten. Die anderen hat unsere Scheinattacke nicht die Bohne interessiert. Warum auch, es war kein Rennen, und natürlich sahen alle, dass wir da nur eine Luftnummer produzierten. Auch Udo Bölts. Aber für manche gilt die Regel: »Männer + Räder + Berg = Rennen« eben immer. Und dieser Dauerehrgeiz hat Bölts ja auch zu einem Weltklasseprofi gemacht.

Bei der Tour selbst war Udo Bölts kommunikativer als viele andere, und man konnte mit ihm auch mal am Abend kurz vor oder nach dem Essen reden. Der Mann war fast immer die Höflichkeit in Person, aber die Tour brachte auch ihn manchmal an eine Grenze, hinter der er am liebsten nur noch seine Ruhe wollte. Wobei es Situationen gibt, da werden fast alle Profis plötzlich wieder munter. 2001 hatte ich neben meinen Sportgeschichten noch den Auftrag, für das Kundenmagazin der Firma Porsche eine Tour-Reportage zu schreiben, und bekam dafür leihweise ein gelbes Boxster-Cabrio, um damit die Tour zu begleiten. Der Flitzer war natürlich ein Hingucker, schon allein wegen der Farbe. In Aix-les-Bains hatte ich zufällig das gleiche Hotel gebucht wie das französische Team Crédit Agricole, für das damals Jens Voigt und auch Stuart O'Grady fuhren, wobei der Australier an diesem Abend das Gelbe Trikot trug. Kurzum – der Aussie war das Thema für eine Geschichte, aber er war auch abgeschirmt und müde. Plötzlich schlenderte er aber im Gelben Trikot über den Hotel-Parkplatz und näherte sich interessiert dem Auto, aus dem ich gerade meine Reisetasche lud. Der Rest war einfach. Auf die Frage, ob er mal eine Runde drehen wolle, strahlte O'Grady, sagte »Yes!«, und dann fuhren wir dreimal um den

Block. Am Ende hatte ich mein Interview und obendrein ein hübsches Foto für Porsche. O'Grady bekam am Abend zwar noch kurz ein wenig Ärger mit seinem Team, aber nur ein bisschen, er trug schließlich das Gelbe Trikot. Am nächsten Tag war das allerdings weg, was aber nichts mit dem Auto zu tun hatte. O'Grady war kein Bergspezialist, die Etappe des nächsten Tages endete in Alpe d'Huez, und anders als das Auto hatte der Australier keinen Turbo.

2001 kam es schon ein wenig vorher zu einer denkwürdigen Begegnung mit einem Profi – oder besser gesagt: zu einer Lehrstunde für mich. Es ging um die *flamme rouge.* Das ist ein dreieckiger roter Stofflappen, der bei der Tour genau einen Kilometer vor dem Ziel an einem Bogen über der Straße hängt und dem Feld signalisiert, dass das Rennen gleich geschafft ist. Die *flamme rouge* ist aber auch ein Ort, an dem man sich gut verabreden kann, weil jeder weiß, von welchem Ort die Rede ist. Das gilt natürlich vor allem für uns Journalisten untereinander. 2001 schlug mir allerdings ein Profi ein Treffen 1.000 Meter vor dem Ziel vor. Ich wunderte mich zwar ein wenig, andererseits: warum nicht? Erik Zabel hatte damals versprochen, mir bei der ersten Etappe gleich nach der Zieldurchfahrt ein exklusives Interview in Boulogne-sur-Mer zu geben. Damit wir dabei nicht von Fans und Kollegen gestört werden würden, schlug er statt wie üblich vor dem Mannschaftsbus ein Treffen an der *flamme rouge* zehn Minuten nach Rennende vor. Und da stand ich dann und freute mich wie Bolle auf ein wunderbares Interview, weil Erik die Etappe auch noch im Sprint gewonnen hatte. Besser ging es es ja gar nicht! Klar – das mit den zehn Minuten würde nichts werden, Siegerehrung, Dopingkontrolle, das alles dauert.

Und so stand ich da in der glühenden Sonne einen Kilometer vor dem Ziel, als knapp 20 Minuten nach Rennende ein Trupp Tour-Arbeiter kam und den Bogen samt der *flamme rouge* abbaute. »Nun ja«, dachte ich, »der hat ja einen Tacho am Rad, und vielleicht erinnert er sich auch so, wo die *flamme rouge* gehangen hat«. Aber nach weiteren 20 Minuten kamen mir dann doch Zweifel. Zabels Handys war ausgeschaltet, und ich trollte mich. Kein exklusives Interview, keine Geschichte,

“

UND SO STAND ICH DA IN DER GLÜHENDEN SONNE EINEN KILOMETER VOR DEM ZIEL, ALS KNAPP 20 MINUTEN NACH RENNENDE EIN TRUPP TOUR-ARBEITER KAM UND DEN BOGEN SAMT DER *FLAMME ROUGE* ABBAUTE.

”

aber ein Sonnenbrand – eine miese Bilanz und ein schlechter Tag für einen freiberuflichen Journalisten. Kurz danach klingelte mein Handy, Zabel war dran. »Wo bist du?«, fragte er. »Na, an der *flamme rouge*, wie ausgemacht.« Ein kurzes Schweigen, dann prustete Zabel los. Kurzum – das mit der *flamme rouge* war ein Spaß, und zwar einer, den ich hätte bemerken müssen, ich war ja schließlich nicht zum ersten Mal bei der Tour. Zabel ging zumindest davon aus, dass ich den Treffpunkt sofort als Fake erkannt hatte. Und er hatte ja recht. Die Rennfahrer rollen hinter der Ziellinie direkt zum Mannschaftsbus oder direkt ins Hotel, wenn es nicht weit entfernt liegt. Und ein Etappensieger kommt sowieso kurz nach dem Ziel nicht zu einem Exklusiv-Interview, da hat er andere Verpflichtungen. Zabel hatte mich nach der allgemeinen Pressekonferenz in der Lobby des Teamhotels erwartet. »Ich dachte wirklich nicht, dass du den Mist glaubst«, sagte er noch. Jetzt habe er aber leider keine Zeit mehr, er müsse zur Massage und danach zum Essen, und dann sei es zu spät. So kann es gehen. Ich seufzte noch ein »Zum Teufel mit der flamme rouge!« ins Telefon, und dann war ein Haken an diesem eigentlich schönen Tag. Das Interview bekam ich aber zwei Tage später doch noch. Zabel gewann seine zweite Etappe in belgischen Seraing, und wir trafen uns abends im Hotel. Ist ja auch besser so.

“DREI WOCHEN REPORTER-STRESS”

IMMER WIEDER, IMMER WIEDER ANDERS

JOURNALISTEN ALLTAG IM WANDER ZIRKUS

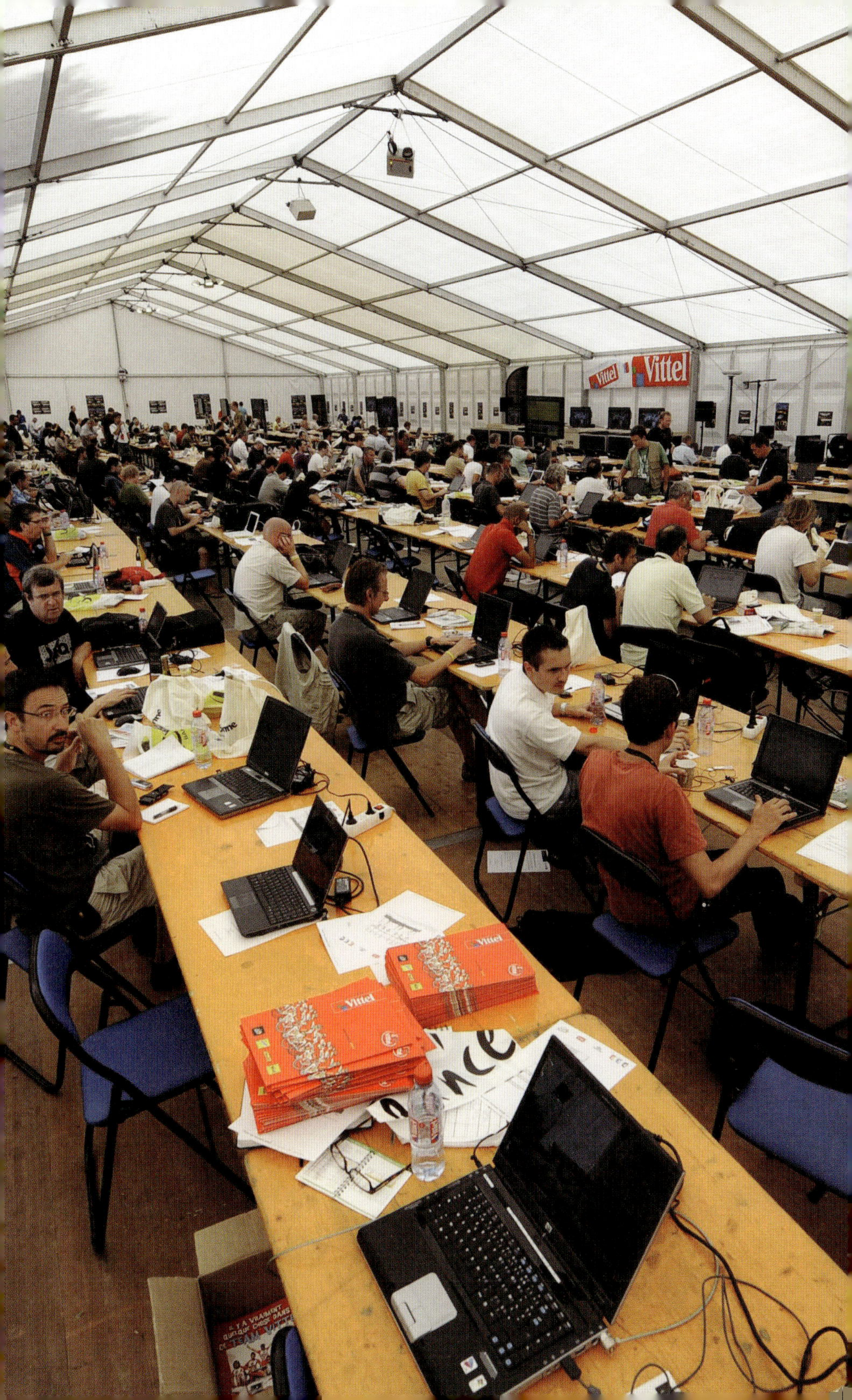
Vittel
Vittel

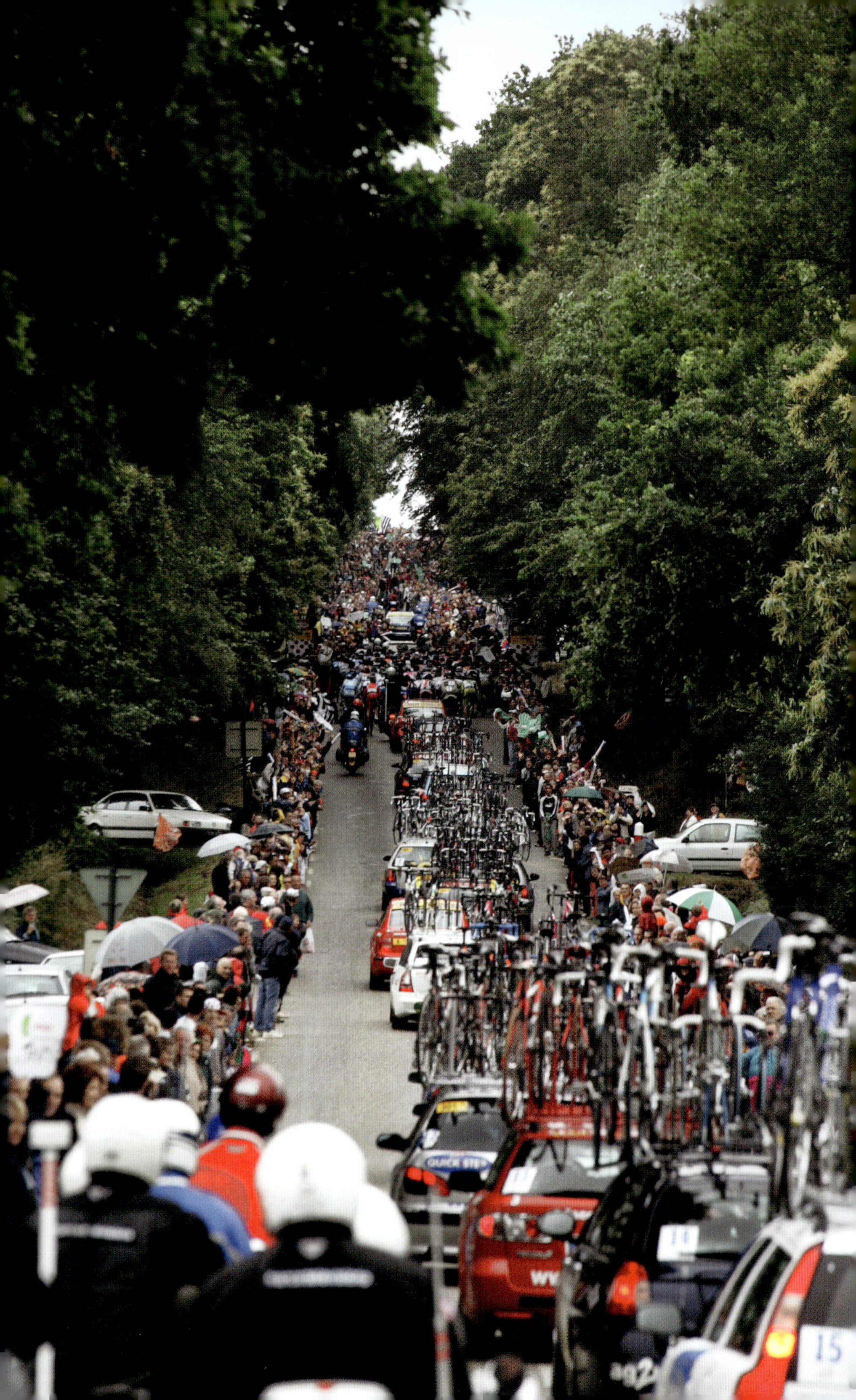
QUICK STEP
15

Das große Treffen:
Bei der Tour ist immer Rummel, egal ob bei der Bodenhaltung im Pressezentrum oder auf der Straße.

JÜRGEN LÖHLE: STRESS AM STEUER UND BOUILLABAISSE

Streng genommen ist die Frage nach dem Journalistenalltag bei der Tour ein wenig widersprüchlich. Alltag und Tour passen nicht wirklich zueinander, das Rennen ist sehr unstet, hektisch und fordernd. Also eigentlich alles andere als ein durchstrukturierter Tag mit der stets gleichen Routine. Wobei natürlich doch ein paar Dinge fast immer dabei sind, zum Beispiel das Verkehrschaos im Zielort, dem man eigentlich nur ausweichen kann, indem man den Zielbereich und am besten gleich den ganzen Ort sofort verlässt, sobald der letzte Fahrer die Ziellinie überquert hat. Das geht aber nur, wenn man nicht über die Etappe und die Protagonisten des Tages schreiben musst. Ansonsten, und das ist eigentlich fast immer so, sitzt man im Pressezentrum im Zielbereich fest. Wer dann zwei Stunden später den Parkplatz verlassen will, steht im Stau, weil emsige Arbeiter Tribünen und Straßenabsperrungen abmontieren und alles blockieren. Es gibt zwar einen im Handbuch als frei beschriebenen Weg aus dem Bereich heraus, aber das ist oft schlichtes Wunschdenken. Wenn also den Alltag der Tour etwas prägt, dann ist es die Hektik. Und das empfinden alle so, auch die Profis selbst und der ganze Begleittross. Hans Holczer, lange Jahre Manager beim Team Gerolsteiner, sagte einmal: »Die Tour ist schon ein super Erlebnis – aber die Hektik könnte mir gestohlen bleiben.« Wohl wahr – aber da müssen alle durch.

Das Stressniveau des Tages wird zu Beginn davon bestimmt, wo man die Nacht verbracht hat. Ist man im Zielort der Etappe geblieben, klingelt der Wecker sehr früh, meist so gegen 6 Uhr. Das muss auch sein, denn man sollte ja noch seine Geschichte für den nächsten Tag schreiben, und dann ab in Richtung Tagesziel. Die Distanz variiert dabei gewaltig. Bei Flachetappen können es vom Start bis in den Zielort deutlich mehr als 200 Kilometer sein. Im Hochgebirge gibt es oft auch Schleifen im Rennkurs, sodass es ohne die Pässe und auf dem direkten Weg ins Ziel manchmal weniger als 50 Kilometer sind. Aber auch die können sich ziehen, weil auch abseits der Strecke die Straßen voll sind mit Fans und Hobbyradlern, die irgendwie nahe an den Kurs herankommen wollen und denen des Reporters Eile herzlich egal ist.

Wie aber der Tag konkret beginnt, entscheidet oft das Hotel. Ist es das berühmte Formule 1 im Industriegebiet – nur schnell weg. Und zwar ohne Frühstück, das dort meist aus Automatenkaffee und fetttriefenden, alten Croissants besteht. Habe ich Glück, und das Hotel ist okay, der Kaffee auch, und es gibt eine hübsche Terrasse mit einer Steckdose für den Laptop, schreibe ich gern direkt nach dem Frühstück meine Geschichte. Wenn nicht, ab ins Auto und ins *village départ*. Das ist ein abgesperrter Bereich am Start, in den man nur mit Einladung oder einer Akkreditierung kommt, in dem es frischen Kaffee, regionale Spezialitäten und Zeitungen gibt und in dem, kein Witz, sich manche schon am Vormittag ein Gläschen Wein gönnen. Wir sind zwar *en france,* aber das geht für uns Schreiber natürlich nicht, es sei denn, man hat einen Chauffeur, wie es manche Reporterlegenden früher tatsächlich hatten. Aber wie dem auch sei – es kommt der Moment, an dem man Richtung Ziel unterwegs ist. Wann immer es geht und ich Zeit dazu habe, fahre ich über die Rennstrecke, weil man dann später weit authentischer über das Rennen schreiben kann. Und auch, weil man auf den Straßen ein Stück Freiheit erlebt. Der Kurs ist ja für den normalen Verkehr gesperrt, die Ampeln sind ausgeschaltet, und es ist ausgeschlossen, dass einem jemand entgegenkommt – abgesehen von Ausnahmen. Du fühlst dich da generell einfach ein Stückchen entspannter, aber auch das kann sich schnell ändern. Ein Beispiel: Ich hatte einmal ein Auto des Stuttgarter Herstellers mit dem Stern dabei. Einzige Bitte für das Leihangebot: ein Foto des Autos bei der Tour für ihre Mitarbeiterzeitschrift. An einem Tag in den Alpen hatte ich mich deshalb am Aufstieg zum Col de la Madeleine mit einem Fotografen verabredet. Wir wollten eine spektakuläre Landschaft für ein Bild mit Zuschauern im Hintergrund haben. Der Fotograf kam etwas spät, und bei den Aufnahmen haben wir beide ein wenig die Zeit vergessen. Plötzlich bremst ein Motorrad-Polizist und sagt freundlich, aber doch sehr bestimmt: »Macht euch sofort vom Acker, in drei Minuten kommt die Spitze des Feldes«. Dazu muss man wissen – bergauf hat man im Auto kein Problem, Distanz zu den Profis zu halten, bergab muss man aber schon ein versierter Autofahrer sein, um nicht zum Hindernis für das Peloton zu werden. Und da unser Fotopunkt knapp unterhalb der Passhöhe lag, hatte ich etwa drei Minuten Vorsprung für die elf Kilometer Abfahrt. Mir war schnell klar: Das wird eng. Zumal das Auto eine recht schwere Limousine war, durchaus bequem, aber wirklich nicht das ideale Gefährt für kurvenreiche Abfahrten.

Es kam, wie es kommen musste: Nach knapp der Hälfte der Abfahrt tauchen die Führungsmotorräder im Rückspiegel auf. Über den Tourfunk werde ich jetzt doch eher rüde angeblafft, Gas zu geben, was ich zwar schon die ganze Zeit tue, aber offenbar zu wenig. Kurz darauf blinken abwechselnd die EPS- und ABS-Warnleuchten und ich rase kurz vor dem Herzinfarkt in Richtung Tal. Ein Höllenstress, weil man ja nicht eben mal rechts ranfahren kann, um das Feld vorbeizulassen. Rechts sind entweder Abgrund oder Abzweigungen, die aber mit Gittern abgeriegelt sind. Irgendwie erreiche ich mit nassem Hemd und Puls 180 das Tal. Auf der ersten langen Geraden dann Vollgas, um endlich ein wenig Luft zwischen mich und das Rennen zu bekommen. Am Abend gibt es dann noch den offiziellen Rüffel der Tour-Leitung, garniert mit dem freundlichen Hinweis, wenn ich nicht richtig Auto fahren könne, solle ich es doch gefälligst mal lernen. Und damit ich das auch nicht vergesse, kommen noch 200 Schweizer Franken Strafe wegen Behinderung obendrauf. Zahlbar in bar und sofort.

Damals war der Journalistenalltag noch von einer stringenten Planung geprägt, und von der Fähigkeit, Landkarten zu lesen und mit Stadtplänen auf den Knien durch fremde Städte zu kurven. In meiner Anfangszeit bei der Tour gab es zwar schon die ersten Handys, aber viel mehr als telefonieren konnte man damit nicht. Auch Navis gab es schon, aber die hießen noch »Elektronischer Verkehrslotse für Autofahrer« und waren in etwa so verbreitet wie Rolls-Royce im Stuttgarter Straßenverkehr. Obendrein war die Mobiltelefonie noch sehr teuer, sodass man den Kontakt mit den Redaktionen oder auch manchem Sportler in den Hotels besser übers Festnetz hielt.

Damals hat dir der Rennfahrer, den du am Abend interviewen wolltest, morgens am Start ein Kennwort genannt. Mit dem hast du dann abends im Hotel angerufen, und der Mitarbeiter in der Telefonzentrale hat dich nur dann verbunden, wenn du zum Namen des Profis auch das korrekte Kennwort nanntest. Nicht selten hatten die Pedaleure aber auch vergessen, die Zentrale des Hotels zu informieren; manchmal haben sie es wohl auch vergessen wollen. Dann brauchtest du schnell eine Ersatzgeschichte. Heute ruft man die Fahrer auf ihrem Handy an und sie gehen ran oder nicht. Texte geschrieben haben damals auch schon die meisten auf einer Art Laptop, aber das waren Kisten, die es heute nur noch im Museum gibt. Ich nutzte damals einen Olivetti mit Flüssigkristallanzeige wie ein Taschenrechner. Auf der konnte ich maximal drei Zeilen gleichzeitig sehen. Eine Hintergrundbeleuchtung hatte er nicht, und bei ein bisschen Sonne von oben konnte man sowieso nichts mehr lesen.

Zur Ausrüstung gehörte damals auch ein mobiler Drucker, dem natürlich immer dann die Tinte ausging, wenn es wichtig war. Die ausgedruckten Texte hat man dann aus dem Pressezentrum in die

Redaktionen gefaxt. Aber nicht selbst: France Télécom hatte eine Legion Mitarbeiterinnen für die drei Wochen engagiert, denen man die ausgedruckten Texte und die Faxnummern übergab – und natürlich Geld für das Senden. Anfangs noch bar, später kaufte man sich ein Guthaben, das dann sukzessive weniger wurde. Wenn alles gefaxt war, gab es sozusagen als Quittung das Sendeprotokoll. Alles ziemlich aufwendig und im Vergleich zu heute wie aus der Steinzeit der Textübermittlung. Die »Fräulein vom Amt« gibt es schon seit Jahrzehnten nicht mehr, auch die Faxgeräte und der riesige Lastwagen auf dem Presseparkplatz, in dessen Bauch 20 Festnetz-Telefonkabinen installiert waren, sind Geschichte. Heute muss ich mir keine Sekunde darüber Gedanken machen, wo und wie ich meine Texte verschicke. Mehr als einen Laptop und ein Handy braucht es nicht, und wenn es pressiert, sende ich gern auch vom Straßenrand. Das Einzige, was ich dazu noch benötige, ist ein stabiles Netz. Und das gibt es mittlerweile nahezu überall, sieht man mal von wenigen tiefen Tälern im Zentralmassiv ab. Aber dann fährt man eben ein paar Kilometer weiter.

Ob du nun am Vormittag noch am Start warst oder nicht, am frühen Nachmittag parkst du dein Auto auf dem Parkplatz des Pressezentruns. Das liegt meist unmittelbar am Ziel, ist oft eine große Halle für Sportereignisse oder Messen, manchmal auch der Gemeindesaal im Rathaus, und bei Bergankünften in der Pampa auch mal ein Zelt, das dann aber wie zum Beispiel am Mont Ventoux ziemlich weit weg ist von der Ziellinie, sodass du dir ein paar schnelle Fragen an den Sieger nach der Durchfahrt oben am Sendemast abschminken kannst. Die Pressezentren sind so etwas wie der Nachrichtenbauch der Tour. Hier laufen viele Informationen zusammen, dazu alle Gerüchte und das oft unsägliche Geschnatter, von dem es im Zeitalter von Twitter und Facebook natürlich unendlich viel gibt. Hast du schon gehört? Hast du gelesen, was der und der wieder getwittert haben? Man braucht eine gewisse Routine, um in dem Bienenstock aus mehreren Hundert Journalisten, dem vielsprachigen Gesumme und manchmal auch Gebrülle, seine innere Mitte zu finden und hinter dem Laptop in eine Art Kontemplation zu fallen, in der man einen vernünftigen Text schreiben kann.

“DAS IST DANN TOUR PUR. ES RIECHT NACH SONNENÖL, NACH BIER UND SCHWEISS UND NACH GROSSEM SPORT. HIER MÜSSEN DIE FAHRER TROTZ DER STEIGUNG VOR EINER KURVE IN EINEN TUNNEL HINEIN EIN BISSCHEN FAHRT RAUSNEHMEN, DU KANNST SIE FAST GREIFEN, SIEHST DIE BRUTALE SCHINDEREI IN IHREM GESICHT.”

So bis gegen 16 Uhr schreibt man meist die Geschichte, die man tags zuvor recherchiert hat, und die mit der aktuell laufenden Etappe nur dann etwas zu tun hat, wenn man über einen Profi schreibt, der noch im Rennen ist. Stürzt er oder scheidet er am Ende sogar aus, sollte man das tunlichst wissen und entscheiden, ob die Geschichte überhaupt noch geht. Bei anderen Themen, zum Beispiel einer Reportage über Zuschauer oder den Besenwagen, ist der Verlauf der aktuellen Etappe dagegen unwichtig. Trotzdem kann man sich da nie komplett rausziehen, schließlich will man ja auch das Rennen sehen, und sei es nur auf dem Bildschirm. Die gibt es im *salle de presse* zigfach. Alle paar Meter steht ein großes Gerät. Routinierte Journalisten platzieren sich leicht seitlich versetzt, dann sieht man nämlich auch in der heißen Phase des Rennens noch etwas, wenn mal wieder einige Kollegen direkt vor dem Bildschirm stehen.

Die letzte Rennstunde konzentriert man sich dann wirklich auf das aktuelle Rennen – entweder vor dem Bildschirm oder live an der Strecke. In Alpe d'Huez ist man zu Fuß in etwa zwei Minuten an einer interessanten Stelle auf Höhe der *flamme rouge*, also dem Zeichen für den letzten Kilometer. Das ist dann Tour pur. Es riecht nach Sonnenöl, nach Bier und Schweiß und nach großem Sport. Hier müssen die Fahrer trotz der Steigung vor einer Kurve in einen Tunnel hinein ein bisschen Fahrt rausnehmen, du kannst sie fast greifen, siehst die brutale Schinderei in ihrem Gesicht. Es gab in der Hochdoping-Ära eine Zeit, in der zum Beispiel ein Lance Armstrong hier fast ohne sichtbare Ermüdung mit 25 Sachen vorbeigerauscht ist. Aber das sieht man zum Glück kaum noch. Die aktuelle Elite ist zwar nicht oder nur wenig langsamer, aber sichtbar gequälter. Zurück im Pressezentrum kannst du dann eine bildstarke Geschichte über die Etappe schreiben. Wer das nach solchen Szenen an der Strecke nicht hinbekommt, der hat seinen Beruf verfehlt.

Um die genauen Ergebnisse brauchst du dich hingegen nicht zu kümmern. Die Stoppuhr neben der Schreibmaschine hat ausgedient. Alle Zeiten und Platzierungen werden geliefert, und das mittlerweile fast in

Echtzeit. Bei meinen ersten Tour-Besuchen vor über 30 Jahren hat es oft zwei Stunden gedauert, ehe das Etappenergebnis, das neue Gesamtklassement und die neuen Wertungen für Sprinter, Kletterer und Nachwuchsfahrer auf Papier ausgedruckt vorlagen. Heute steht das alles online, wenn der letzte Fahrer im Ziel ist. Und wegen eines Statements des Siegers im Ziel musst du dich streng genommen auch nicht mehr aus dem Pressezentrum wegbewegen. Die Chance, den Tagesbesten exklusiv abgreifen zu können, geht sowieso gegen null. Und was der arme Kerl da atemlos in die Batterie an Mikros keucht, lässt er genauso ein paar Minuten später auch auf Twitter schreiben. Viele wenigstens. Abgesehen davon habe ich den Hype um Originaltöne der Gewinner nie so recht verstanden. Was wird ein Sieger anderes ausdrücken als große Freude? Dazu wird er noch sagen, dass es schwer war und dass er seiner Familie und/oder seiner Frau oder Freundin dankt. Und dann wird er auch schon weggezerrt zur Dopingkontrolle. Es lohnt also meist den Aufwand nicht.

Journalistisch ergiebiger ist es, wenn man den Sportler erst mal in Ruhe zur Kontrolle und zur Massage lässt und versucht, ihn am frühen Abend im Hotel noch für zehn Minuten zu bekommen. In den 90er-Jahren ging das noch relativ gut, mittlerweile sind die Stars recht perfekt abgeschirmt. Aber einen Überraschungssieger aus der zweiten Reihe bekommt man auch heute noch ganz gut vor den Notizblock. Außer natürlich in Corona-Zeiten. Aber sonst gehört zum Alltag des Journalisten auch das geduldige Warten am Abend in den Lobbys der Team-Hotels. Wenn man Glück hat, kommt der Fahrer tatsächlich noch vor dem Essen kurz vorbei. Dann hat man selbst die Chance, noch irgendwo zu einer halbwegs passablen Zeit den knurrenden Magen zu beruhigen. Oft sitzt man aber auch noch um 9 Uhr vor seinem dritten kleinen Bier und der dritten Schale Erdnüsse und verflucht die Idee, ausgerechnet heute dieses Interview versuchen zu wollen. Wartet man nicht allein, geht die Zeit etwas schneller vorbei. Und manchmal hat man hinterher eine richtig gute Geschichte, leider aber viel zu selten.

JÜRGEN LÖHLE

Heutzutage versucht man eher, die Handynummern der wichtigen Fahrer zu bekommen, und ruft sie an, während sie noch auf der Massagebank liegen. Klappt natürlich nicht immer, es sei denn, man hat die richtige Nummer. Viele der Stars haben zwei Nummern: eine, an die sie so gut wie nie rangehen, und die andere, die eigentlich nur der Partner und der Manager hat. Wenn du die auch hast, dann läuft es natürlich – aber nur, solange du dieses Wissen mit niemandem teilst. Sonst ist auch diese Nummer bald tot.

Irgendwann ist der letzte Satz im Block, und erst dann spürst du, dass du eigentlich seit zwölf Stunden unter Strom stehst. Normal wäre jetzt der Gang unter die Dusche, danach ein Glas Wein und ab ins Bett. Aber meist ist das Bett noch weit entfernt, und der Magen meldet sich jetzt auch mit Macht. Es gibt Stresstage, da verabschiedet sich der Hunger irgendwann von allein, aber die sind selten. Der Gedanke an ein nettes Drei-Gänge-Menü ist in fast allen Gegenden Frankreichs verlockend – mit Ausnahme der ganz großen Touristenregionen, da endet in der Ferienzeit das späte Angebot oft bei Steak frites, einer klebrigen Quiche oder einem matschigen *salade niçoise* mit Thunfisch aus der Dose. Aber meist sind die letzten Stunden eines langen Tags bei der Tour doch die entspanntesten. Mit Kollegen um einen Tisch zu sitzen und sich mit allen Sinnen einem guten Essen hinzugeben, das von Kellnern gebracht wird, die nicht alle fünf Minuten auf die Uhr schauen – das hat schon was. Es ist ohne Frage ein Vorteil, dass *en france* nicht um halb zehn abends die Küchen schließen. Obwohl es auch das mittlerweile immer mehr gibt.

Und manchmal sind solche Essen echte Highlights, an die man sich auch Jahrzehnte später noch gern erinnert. Ich denke da zum Beispiel an den 16. Juli 1993. Das war ein Freitag. Die Tour kam aus der Skistation Isola 2000 und endete nach langen 287 Kilometern mitten in der Hafenmetropole an der Côte d'Azur. Ein Kollege erwähnte am Mittag, dass es in Marseille die beste Bouillabaisse Frankreichs gäbe, und zwar in einem Restaurant namens *Chez Paul* im alten Hafen. Da wollten wir natürlich hin, was unsere französischen Kollegen mit einem höhnischen Auflachen kommentierten. Da müsse man Tage vorher reservieren, sagten sie. Was sie nicht wussten: Rudi Völler spielte damals bei Olympique Marseille und war Stammgast im *Chez Paul*. Das wusste aber mein Kollege Hartmut Scherzer, der praktischerweise auch Völlers Mobilnummer hatte. Scherzer rief den Nationalspieler an, und der buchte uns für diesen Abend einen Tisch für zwölf Personen im Außenbereich. Da saßen wir dann mit grandioser Aussicht auf den alten Hafen. Der Tisch bog sich unter den Platten mit Fisch, den Brotkörben und den Töpfen und Tiegeln mit Brühe und Rouille. Und natürlich unter vielen Flaschen Weißwein. Irgendwann an diesem Abend spazierten auf der Straße einige Kollegen von der *Équipe* an uns vorbei. Wir prosteten ihnen freundlich zu – und sie schauten uns an wie eine Erscheinung: Ein Tisch bei *Chez Paul* für die *Allemandes*? *Incroyable*, wie haben die das nur geschafft?! An diese Szene dachte ich am nächsten Morgen, als ich mit schwerem Kopf aus dem Bett kroch. Weil niemand fahren musste und die Hotels alle fußläufig erreichbar waren, standen am Ende des Abends mehr Flaschen Wein auf der Rechnung als Menschen am Tisch saßen – und einer trank gar keinen Alkohol ...

Mir ging es tatsächlich ziemlich schlecht, aber die Erinnerung an den Abend half mir, mich Richtung Montpellier aufzumachen, dem Etappenziel an diesem Samstag. Das war auch gut so, denn an diesem Tag gewann Olaf Ludwig die Etappe und sicherte damit der Legende nach die Zukunft des Team Telekom über das Ende des Jahres hinaus. Angeblich hatte die Telekom ihr weiteres Engagement von einem Etappensieg bei der Tour abhängig gemacht. An diesem Abend saß dann die deutsche Presse brav mit dem Notizblock in der Hand, mit Kaugummi gegen die Knoblauchfahne und viel Aspirin im Blut im Hotel des Telekom-Teams und lauschte Olaf Ludwig, der seinen Sprint beschrieb. Denn eines gehört eben auch zum Tour-Alltag: Egal wie spät es wird, egal wie du dich am nächsten Morgen fühlst, der Job geht weiter. Gerade bei der Tour. Schließlich steigen hier jeden Tag Profis in den Sattel, die von Stürzen gezeichnet sind und sich teilweise mit angebrochenen Knochen und dicken Verbänden dem Rennen stellen. Andere plagen Infekte, manche haben sogar Fieber, aber sie versuchen trotzdem weiterzumachen. Und wenn die Jungs derart Härte zeigen, kannst du wegen eines einfachen Katers nicht eben mal blaumachen, auch wenn er sich wie ein Sibirischer Tiger anfühlt. Das geht gar nicht. – Wie groß der Stress so einer kompletten Tour für dich dann summa summarum ist, erkennst du regelmäßig erst, wenn alles vorbei ist. Dann schläfst du eine Woche lang zehn Stunden pro Nacht und bist immer noch müde.

Die Bouillabaisse war übrigens tatsächlich grandios, und das *Chez Paul* gibt es heute noch. Ob der kulinarische Glanz die Jahre überstanden hat? Das wäre noch zu überprüfen, zum Beispiel wenn die Tour wieder einmal nach Marseille kommt.

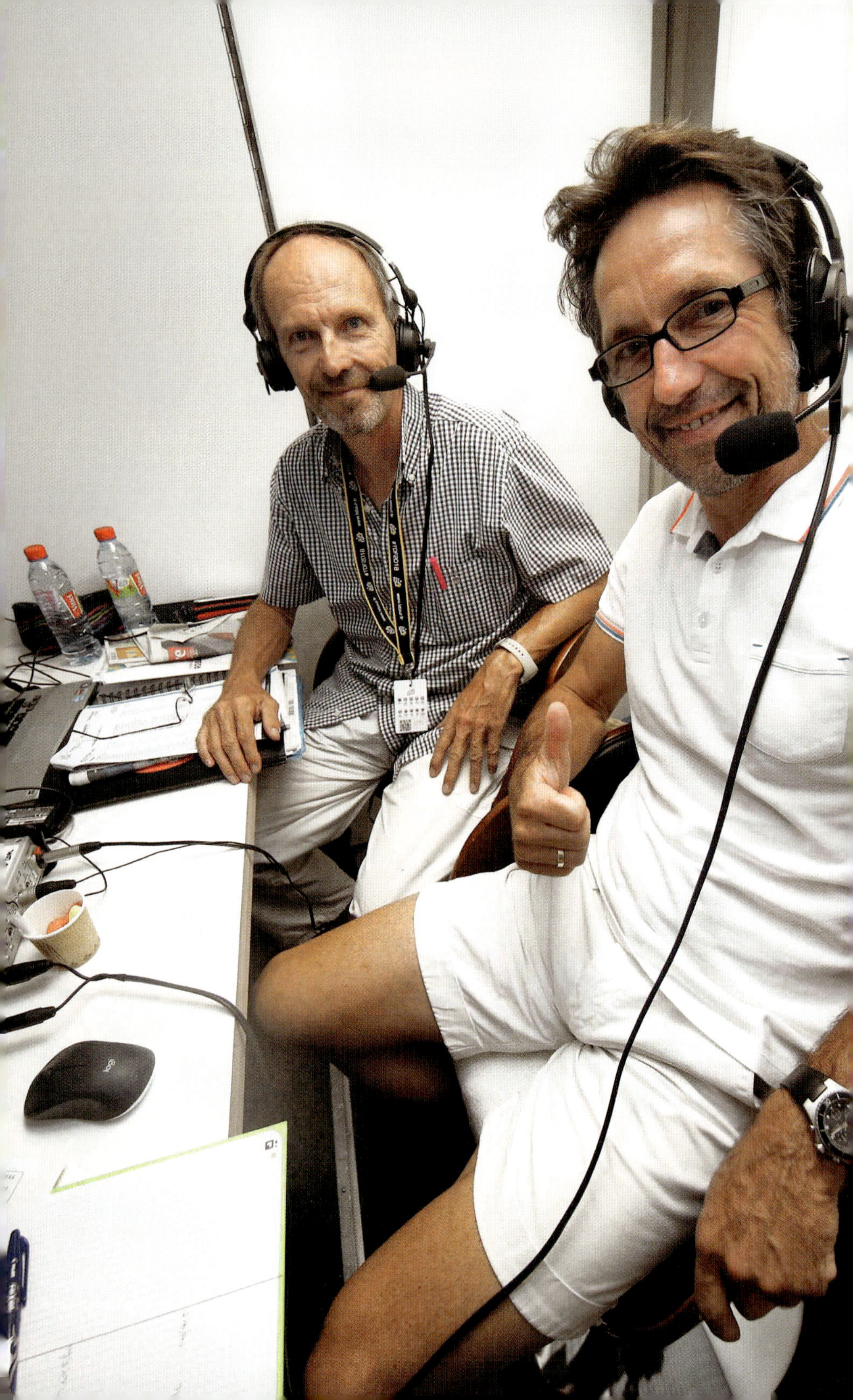

Manche verbringen in drei Wochen einen schönen Urlaub.
Mit meinem Kollegen Jean-Claude Leclercq teile ich mir in dieser Zeit nicht nur die Kabine.

KARSTEN MIGELS: MIT PULS 180 ANS MIKRO

Wie für uns Journalisten ein Arbeitstag bei der Tour de France aussieht, ist den meisten unserer Zuschauer ein Buch mit sieben Siegeln. Immer wieder erreichen uns entsprechende Fragen: Wie läuft eigentlich so ein Tag bei der Tour de France ab? Wie sehen eure Arbeitsplätze aus? Sitzt ihr im Ziel einer Etappe oder am Start? Seht ihr mehr als die Zuschauer zu Hause am Fernseher oder im Internet-Stream?

Bevor das alles beantwortet wird, muss erst einmal vorausgeschickt werden, dass es innerhalb dieser drei Wochen keinerlei echten Alltag gibt. Schon die letzten Tage vor dem *Grand Départ*, also die letzten Vorbereitungen zu Hause und die Anreise an den jeweiligen Startort, verlaufen ganz anders als die üblichen strukturierten Tage.

Für alle ihre Teilnehmer hält die Tour de France jeden Tag neue Überraschungen und Herausforderungen bereit. Und wenn ich hier von Teilnehmern spreche, meine ich damit nicht nur die Radprofis, sondern alle Personen im großen Tross dieser dreiwöchigen Rundfahrt – angefangen bei jedem einzelnen Streckenposten bis hin zum Tour-Direktor Christian Prudhomme. Viele ehemaligen Kollegen wie Klaus Angermann und Herbert Watterott sprechen gern von einem »Wanderzirkus«, der täglich seine Zelte an einem anderen Ort auf- und abbaut. Und genau diese sich fast täglich ändernde Situation ist ein Teil der Faszination Tour de France. Natürlich war das bei meiner ersten Tour 1997 noch viel verwirrender und unübersichtlicher für mich als heute. Ich hatte damals noch keinerlei Kenntnisse vom Ablauf der drei Wochen. Wenn ich sehe, wie meine Vorbereitungen heute ablaufen, stelle ich doch eine ganze Menge Routine fest, die mir dann vor Ort hilft, die täglich neuen Herausforderungen zu meistern.

Um überhaupt in das Innere der Tour de France zu gelangen, ist es das Wichtigste, eine Akkreditierung zu bekommen und diese am besten Tag und Nacht an seinem Körper zu tragen. Ob man sich als schreibender, sprechender oder fotografierender Journalist akkreditieren möchte, in jedem Fall verlangt die ASO (das große Sport-Unternehmen, das u. a. auch die Tour veranstaltet) Belegexemplare oder ähnliche Beweise, die bestätigen, dass der jeweilige Journalist auch tatsächlich in diesem Bereich tätig ist. Im Zeitalter der digitalen Medien kann ich das durchaus verstehen, denn sehr viele Personen versuchen mittlerweile eine Akkreditierung zu bekommen, um damit einfach mal hinter die Kulissen blicken zu können. Anschließend werden dann vielleicht auf ihren privaten Accounts bei Twitter, Instagram, Facebook und Co. entsprechende Fotos und Blogs veröffentlicht, die aber nicht zwingend der medialen Darstellung der Tour dienen.

Und trotzdem: Immer mehr Personen blähen den Apparat Tour de France weiter auf und erschweren nicht nur die Arbeit, sondern auch das Erreichen der jeweiligen Zielorte. Wenn man schließlich im Ziel angekommen ist, beginnt zunächst die Suche nach einem geeigneten Parkplatz. Der ist wichtig: Nach dem Rennen, sobald unser Sendeprogramm beendet ist, beginnt unsere Fahrt zum Hotel, und je schneller wir uns aus dem Verkehrschaos am Ziel entfernen können, desto früher sind wir dort. Wer mit dem Auto die Rundfahrt begleitet, benötigt dazu eine spezielle Zulassung für das Fahrzeug. Nach der akribischen Erfassung von Kennzeichen, Fahrzeugtyp und Namen des Fahrzeugführers erhält man einen Aufkleber im Format DIN A5 mit einer aufgedruckten Zahl, der rechts an der Heckscheibe angebracht werden muss. Dazu einen weiteren länglichen Aufkleber mit der Aufschrift »Radio – TV«, dem Logo der Tour de France und der identischen Zahl. Dieser muss im oberen Bereich der Windschutzscheibe angebracht werden und ist einer der wichtigsten Hinweise auf die genehmigte Zugehörigkeit zum Tour-Tross.

Nach der Anreise zum Startort der Tour ist es daher zunächst das Wichtigste, die *permanence* – die zentrale Anlaufstelle für alle Personen innerhalb der Tour – aufzusuchen, um sich dort die Akkreditierungen, das Roadbook, das Reglement für das Rennen, ein kleines Heft mit dem persönlichen Verhaltenskodex und den *Historical Guide* mit den wichtigsten statistischen Informationen zur Tour zu sichern. Das Roadbook beinhaltet den genauen Verlauf der Etappen mit allen wichtigen Hinweisen zum Erreichen der Start- und Zielbereiche, den Parkplätzen und Angaben, wer mit welcher Akkreditierung wo parken darf. Die *permanence* ist in der Regel in unmittelbarer Nähe zum Pressezentrum, und wenn man schon mal hier ist, empfiehlt es sich, auch dort direkt vorbeizuschauen. Wichtige Unterlagen wie die Starterliste und letzte Mitteilungen der Teams sind hier erhältlich. Durch die Digitalisierung ist die Menge der auf Papier vorgelegten Informationen glücklicherweise deutlich kleiner geworden; vieles wird bereits im Vorfeld via Mail verschickt. Von hier aus geht es dann in der Regel direkt zum Hotel und einem anschließenden Treffen mit den Kollegen von *Eurosport* am frühen Abend.

Am ersten Tag ist immer etwas mehr Aufregung dabei. Wo genau ist in diesem Jahr unsere Position in der riesigen Kabine im Zielbereich? Gibt es neue Kollegen, die für die Technik zuständig sind? Funktioniert die Internetverbindung, und steht vor allem auch die Leitung in die Sendezentrale nach Paris? Deshalb ist es zumindest am ersten Tag sehr ratsam, schon frühzeitig alles zu kontrollieren, um dann etwas entspannter in die Übertragung zu starten. Je besser die Vorbereitung, desto entspannter kann ich auf unvorhergesehene Situationen reagieren. Dann ist es fast egal, ob der Monitor mittendrin ausfällt, mein Computer sich aufhängt, die Leitung nach Paris plötzlich tot ist oder der Ausfall des gesamten Stroms ein paar Problemchen aufwirft. Bereits am zweiten oder dritten Tag ist man mitten in der Maschinerie der Tour de France und lebt wie in einer anderen Welt. Ich kenne kein anderes Radrennen, das in allen Bereichen allen Beteiligten so viel abfordert wie die Tour. Drei Wochen Vollgas, keine Zeit für andere Dinge, der Kopf Tag und Nacht nur bei diesem Rennen.

Bei meinen ersten Teilnahmen war noch alles etwas entspannter, weil die Übertragungszeiten erst um 14 oder 15 Uhr begannen. Wir hatten dadurch am Vormittag noch Zeit für einen Kaffee im Tour Village, woanders würde das VIP-Bereich heißen, und konnten dabei mit Fahrern, Tour-Mitarbeitern und Kollegen einen kleinen Plausch halten. So kamen wir oft an ein paar neue Informationen und kleine Geschichten. Anschließend fuhren wir zum größten Teil auf der Rennstrecke in Richtung Ziel und verschafften uns so einen Überblick über die topografischen und technischen Gegebenheiten der Strecke, notierten die Windverhältnisse und setzten uns dann in die Kabine, um das Programm zu kommentieren. Seit einigen Jahren ist das zumindest für uns so nicht mehr machbar, denn die Übertragungen beginnen seitdem bei Rennkilometer null, also noch in der neutralisierten Phase des Rennens, und enden erst nach der Siegerehrung mit einigen Interviews.

Wie bei den Fahrern spielt auch bei mir die Erholung nach der Etappe eine entscheidende Rolle, und daher beginnt oder endet der Tag bei der Tour recht unterschiedlich. Sobald unsere Arbeit nach der Ankunft der Fahrer abgeschlossen ist, setzten wir uns ins Auto und fahren zum nächsten Quartier. Je nach Distanz und den regionalen Straßenverhältnissen sind wir nach einer, manchmal auch erst nach vier Stunden Fahrzeit im Hotel angekommen. Ab und an haben wir sogar das Glück, dass wir direkt im Zielort des nächsten Tages die Nacht verbringen.

Spätestens um 7:30 Uhr ist die Nacht dann aber vorbei, und mit dem Aufwachen beginnt auch schon die Vorbereitung auf die anstehende Etappe. Der kurze Blick auf mein Smartphone und das Checken der wichtigsten Nachrichten verraten mir, ob die letzte Nacht wichtige neue Informationen gebracht hat und dadurch der Tagesablauf womöglich kurzfristig geändert werden muss. Unter normalen Umständen ist das nicht der Fall, und so begebe ich mich meist erst einmal auf die Suche nach einem Kaffee. Je nach Unterkunft ist das eventuell wirklich mit einer Suche verbunden, denn oft haben wir erst am späten Abend das Quartier erreicht und bekamen keine Hinweise mehr auf die Räumlichkeiten. Gerade in den Bergen muss man auch öfter mal ein paar Meter zu einem Nebengebäude laufen, um dort das typische französische Frühstück zu bekommen. Während ich dann den Kaffee trinke, überarbeite ich bereits an meinem Laptop die Etappe vom Vortag und bereite mich auf den Rennabschnitt des Tages vor.

Entscheidend ist hier, ob ich online arbeiten kann. Entweder gibt es eine WLAN-Verbindung oder – je nach Qualität des Netzes – wähle ich mich über mein Mobiltelefon ein. In meinen ersten Jahren bei der Tour gab es noch kaum Internet, nur wenige Webseiten mit speziellen Nachrichten aus dem Radsport und erst recht keine Social-Media-Kanäle. Es war definitiv viel schwieriger, an Informationen zu gelangen, und Sportzeitungen wie *L'Équipe* und *La Gazzetta dello Sport* waren heiß begehrt.

Nach gut anderthalb, zwei Stunden bin ich fertig mit dem ersten Teil der Vorbereitung auf das Programm. Jetzt schnell alles einpacken und mit einem letzten Rundumblick prüfen, ob ich auch nichts vergessen habe. Mit meinem Kollegen habe ich mich bereits am Abend zuvor über die Abfahrtszeit verständigt. Am Auto angekommen, geht dann immer alles ganz schnell: Koffer und Taschen sind fix verstaut, und die letzte Frage vor der Abfahrt, wer denn heute Lust hat zu fahren, ist ebenfalls schnell geklärt. Nun muss nur noch das Navi mit den genauen Zielkoordinaten aus dem Roadbook programmiert werden, und es kann losgehen.

Natürlich haben wir uns bereits am Vorabend über den Weg unterhalten und online die Distanz und Fahrzeit ausgerechnet. Durch diese generalstabsmäßige Planung ergibt sich die jeweilige Abfahrtszeit am nächsten Morgen. Zwischenstopps zum Tanken oder Einkaufen sind bereits einkalkuliert.

Ich bin eigentlich kein Freund der Discounter auf der grünen Wiese, aber in diesen riesigen Supermärkten bekommen wir eigentlich alles, was wir für den täglichen Bedarf benötigen. Ob es der in einem Hotel vergessene Schreibblock oder ein Ladekabel für das Telefon ist – es gibt dort fast alles, und zudem ein großes Angebot an Lebensmitteln. Der entsprechende Einkauf hat nur einen Haken: Wir haben in unserem Auto keinen Kühlschrank, und die meisten frischen Lebensmittel würden in der sommerlichen Hitze schon am Ende der Etappe nahezu ungenießbar sein. Daher gilt es, beim Einkauf auf Lebensmittel zurückzugreifen, die resistent gegen die Hitze sind. Alles andere muss recht schnell gegessen werden.

Genau wie die Rennfahrer haben auch wir während der mittlerweile täglichen vier- bis siebenstündigen Übertragung – die Ausnahme bilden die zwei Ruhetage – keine Zeit, eine Pause einzulegen, und müssen für den kleinen Hunger zwischendurch gewappnet sein. Aus diesem Grund landen auch belgische Zuckerwaffeln und eine Tüte Gummibärchen im Einkaufskorb.

Auf dieser vormittäglichen Fahrt zum nächsten Zielort ist es trotz Zeitdruck sehr wichtig, sich an die Verkehrsregeln zu halten. Sollte man dennoch auf einer Landstraße die zulässige Höchstgeschwindigkeit von 80 km/h etwa beim Überholen überschreiten wollen, ist es zumindest ratsam, sich vorher genau anzusehen, wen man überholen möchte. Grundsätzlich gilt, wie überall: an der Polizei lieber nicht mit überhöhter Geschwindigkeit vorbeifahren. Da wir bei der Tour akkreditiert sind, sind selbstverständlich auch die offiziellen Fahrzeuge der Tour genauestens zu beachten.

Als wir vor einigen Jahren – um noch rechtzeitig zum Ziel und damit zur Übertragung zu kommen – mal etwas flotter unterwegs waren und dabei auch eines dieser Orga-Fahrzeuge überholten, wurden wir gut eine Stunde später im Zielort bei der Einfahrt in den zugewiesenen Parkplatz der *zone technique* von einigen Herren in grünen Poloshirts in Empfang genommen. Diese für die Parkplätze zuständigen Mitarbeiter waren umgehend über unser Fehlverhalten informiert worden und warteten schon auf unser Eintreffen.

Wir saßen zu diesem Zeitpunkt noch nichtsahnend im Auto und dachten einfach nur daran, möglichst schnell zu parken und zur Kabine zu laufen, doch der etwas erregte Mitarbeiter ließ mich am Steuer sitzend unter Aufbietung aller Register der französischen Sprache erst einmal »strammstehen«. Ich bedeutete ihm, dass ich nicht Französisch spräche, was ihn noch etwas zorniger machte und seine Hände in Richtung Akkreditierung wandern ließen. »Oh, Himmel, bitte nicht jetzt!«, dachte ich. Das Fehlen dieses blauen Aufklebers an unserem Auto würde uns zumindest bis zum Ende des nächsten Tages vor nahezu unlösbare Aufgaben stellen. Kein Durchkommen an Stellen, die für den öffentlichen Verkehr gesperrt sind, weite Strecken zu Fuß, viel Zeit verlieren und viele Gespräche führen müssen, die hoffentlich zu einer erneuten Akkreditierung führen würden. Also beschloss ich, sofort alles zuzugeben, mich zu entschuldigen und vor allem hoch und heilig zu versprechen, dass so etwas nie wieder vorkommen würde. Der Herr in Grün war schließlich zufrieden, ich hatte einen Puls von 180, und einige Sekunden später winkte er uns durch. Gerettet! Gerade noch rechtzeitig vor unserem Programmstart erreichten wir die Kabine.

Man kann sich vorstellen, dass nach der Ankunft der Werbekarawane und später der Fahrer im Zielbereich extrem viel los ist. Das Gedränge ist groß, und alle möchten raus aus diesem Gewühl, um so schnell wie möglich zum nächsten Quartier zu fahren. In den Bergen, etwa bei Bergankünften an kleinen Skistationen, braucht man noch einmal deutlich mehr Zeit als in größeren Gemeinden und Städten, um den zum Teil chaotischen Zuständen nach dem Etappenende zu entkommen. Eines habe ich in den vielen Jahren Tour-Teilnahmen aber gelernt: Egal, wo man sich befindet, es ist wichtig, dabei die Ruhe zu bewahren, denn weder Drängeln noch flotteres Fahren bringen einen schneller voran. Denn auch hier haben die Streckenposten der Tour-Organisation und die Polizei ein Auge auf alles, was sich bewegt.

Nichtsdestotrotz laufen wir, sobald das Programm beendet ist, zu unserem Auto und reißen die Türen und Fenster auf, um erst einmal etwas Luft in das Innere zu lassen. Derweil werfen wir einen Blick in unsere Hotelliste. Anhand der Hotel- und Straßennamen wissen wir mittlerweile sehr gut, was uns in den nächsten Stunden erwartet. Bei Budget-Hotelketten zum Beispiel sind unsere Hoffnungen auf ein Zimmer, in dem man seinen Koffer, auch ohne ihn aufs Bett zu legen, öffnen kann, sehr gering. Bei Mittelklasse-Ketten hingegen kann man nicht viel falsch machen. Meist sind sie sauber und ordentlich, und es gibt in der Regel auch ein Restaurant, wo man bei einer späten Anreise noch etwas zu essen bekommt. Gehört das Etablissement zu keiner Kette, ist die Adresse interessant. Befindet sich das Hotel zum Beispiel an der *Rue de la République* oder am *Place Charles de Gaulle,* ist es in der Regel auch etwas größer und macht dem Straßennamen eine gewisse Ehre. Nun ist es wichtig zu wissen, wie weit der Weg dorthin ist und wie weit das Hotel wiederum vom nächsten Etappenziel entfernt ist. Letzteres wird dann vom Beifahrer während der Fahrt geklärt. Bei meinen ersten Austragungen der Tour war ich mit einem Michelin-Straßen- und Reiseatlas im Maßstab 1:200.000 unterwegs. Heute lasse ich Entfernungen schnell online errechnen und mich selbstverständlich von einem Navi führen. Es ist jetzt schon fast unvorstellbar, wie wir vor zehn oder 15 Jahren all diese Ziele zuverlässig erreichten.

Am Ende des Tages läuft meistens noch ein spezielles Rennen zwischen Deutschland und Großbritannien: Wer ist zuerst im Hotel? Entweder gewinnt mein britischer Kollege Carlton Kirby mit seinem Experten Sean Kelly oder Jean-Claude Leclercq zusammen mit mir. Spätestens beim Essen im Hotel oder in einem nahegelegenen Restaurant werden dann die Erfahrungen und Erlebnisse des Tages ausgetauscht. Dabei vergeht eigentlich kein Abend, an dem die Ex-Profis nicht von den guten alten Zeiten sprechen, in denen vieles anders und angeblich zum Teil auch besser war.

Es ist bei diesen abendlichen Gesprächen nie langweilig, und immer gibt es viel zu lachen. Inzwischen habe ich begriffen, dass dieses Miteinander sehr wichtig ist, um überhaupt in der Lage zu sein, über drei Wochen den Rhythmus Tour de France zu verkraften. Weg von zu Hause, getrennt von der Familie, 24/7 immer unter Strom – das alles auf engstem Raum in der Kabine oder im Auto. Nach dem Essen trennen sich aber doch die Wege, und jeder verschwindet in seinem Zimmer. Vor dem Einschlafen wird dann noch ein letzter Blick ins unverzichtbare Internet geworfen. So wie der Tag beginnt, so endet er auch: Ich checke die News der Teams und einiger Fahrer, lese auf den Nachrichtenportalen die wichtigsten Neuigkeiten und bearbeite sie direkt an meinem Laptop, damit sie, wann auch immer benötigt, abgerufen werden können. Aber das Schönste zu diesem Zeitpunkt ist es, endlich mal alleine zu sein und seine Ruhe zu haben. Gute Nacht!

WIE MAN SICH BETTET … WENN MAN MAL DAZU KOMMT

HOTELS UND ANDERE STERNSTUNDEN

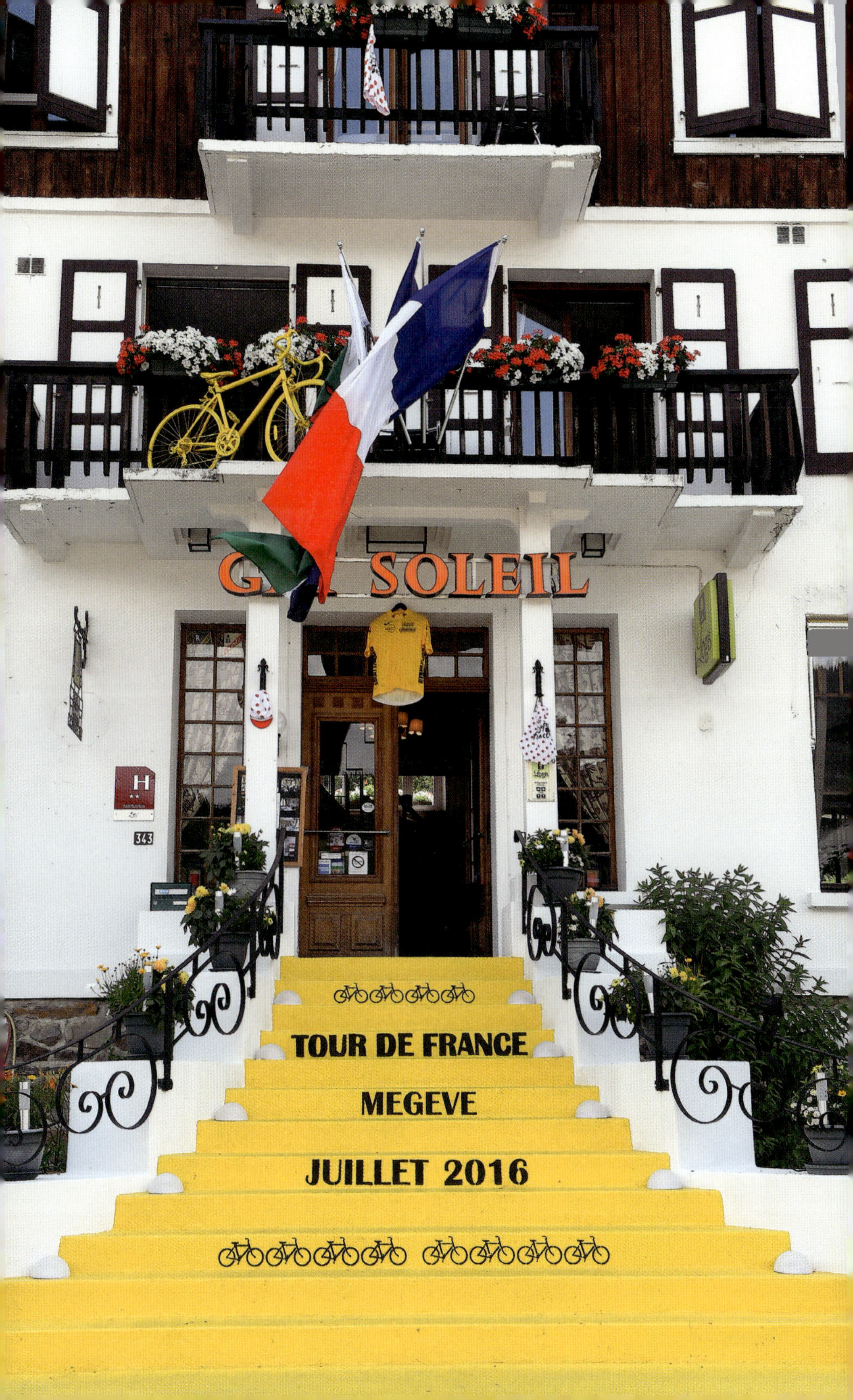
SOLEIL
TOUR DE FRANCE
MEGEVE
JUILLET 2016

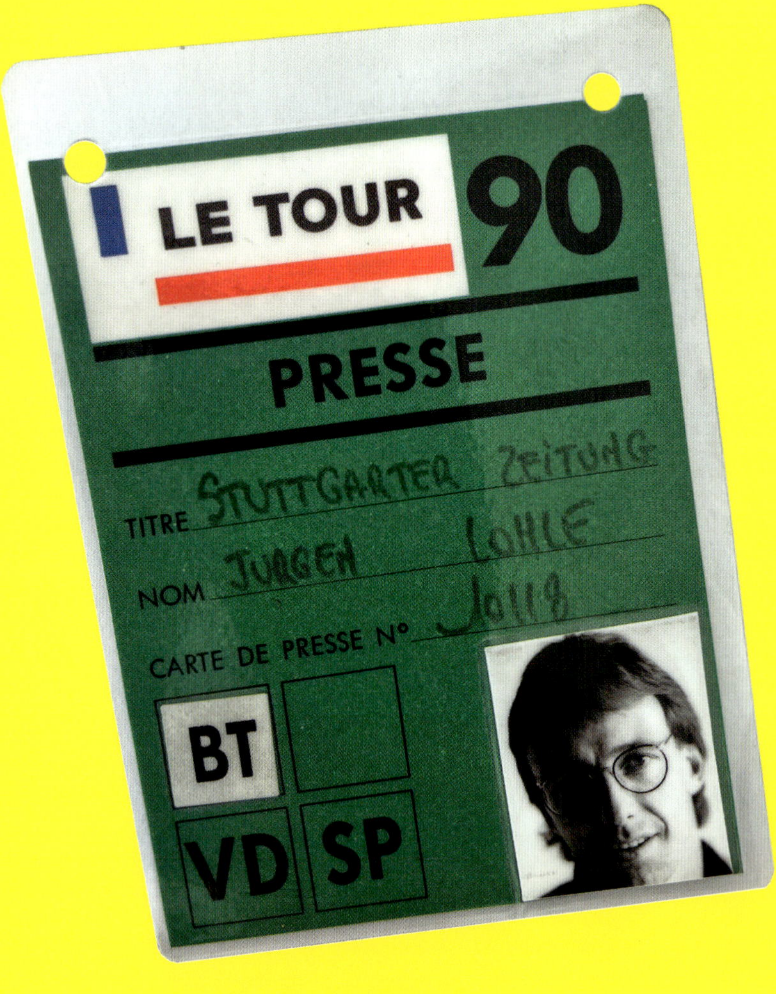
LE TOUR
90
PRESSE
TITRE STUTTGARTER ZEITUNG
NOM JURGEN LOHLE
CARTE DE PRESSE N°
BT
VD
SP

Frankreich putzt sich zur Tour immer fein raus – die Presseausweise waren dagegen bei meiner ersten Tour noch eher schlicht, sind aber damals wie heute das wichtigste Dokument für uns Begleiter.

JÜRGEN LÖHLE: EIN ZIMMER IM LANDGUT – ABER WO?

Viel Zeit zum Schlafen bleibt dem journalistischen Begleiter der Tour nicht. Vor Mitternacht kommt man selten ins Bett, und um sieben spätestens klingelt der Wecker, weil man bis zum Ort der Arbeit, also meist dem Pressezentrum im Ziel, oft noch eine Weile unterwegs ist. Man sollte also die wenigen Stunden der Erholung wenigstens halbwegs genießen können, was einem in einem Haus mit ausgefallener Klimaanlage direkt an einer Autobahnausfahrt eher nicht gelingt. Manchmal ist auch das aber nicht zu vermeiden – die Tour ist das größte Sportereignis der Welt, das täglich umzieht. Und der Juli ist zudem der Urlaubsmonat der Franzosen, viele Hotels sind also ohnehin belegt.

Es gibt Begleiter der Tour, die ein Zelt dabeihaben und auf Campingplätzen übernachten. Andere buchen ihre Herbergen schon monatelang vorher, schließlich wollen jeden Abend etwa 3.500 Menschen aus dem Tour-Tross ein Dach über dem Kopf haben. Auch ich buche vor, aber nur an Orten, wo man abends sowieso kaum mehr wegkommt, wie zum Beispiel bei einer Zielankunft in Alpe d'Huez, und wo man am Tag der Etappe sowieso kein Bett mehr kriegt. Ansonsten schätzt man als Journalist aber ein bisschen Freiheit, auf das Rennen reagieren zu können. Gewinnt zum Beispiel ein deutscher Profi die Etappe oder erobert ein Trikot, sollte man ihn noch in seinem Hotel besuchen und mit ihm reden. Das dauert in der Regel bis weit in den Abend, weil die Profis erst essen, bevor sie mit dir reden. Wenn du dann selbst noch etwas zwischen die Zähne bekommen willst, ist es 9 Uhr. Ist dein vorgebuchtes Hotel aber in der Nähe des Ziels, hast du erst noch ein ordentliches Stück zu fahren. Ein entspanntes Abendessen ist dann nicht mehr drin.

Außerdem sollte man die knappe Ruhezeit so gut wie möglich genießen, um wieder ein wenig Energie zu tanken. Im Idealfall bietet das Hotel nicht nur eine ruhige Lage und ein ordentliches Bett, sondern außerdem ein Restaurant, in dem man auch spätabends noch bedient wird und in dem die Küche mehr hergibt als Steak frites. Solche Hotels gibt es – wenn man weiß, wo. Ich erinnere mich noch gut an einen Kollegen von der *dpa*, der nicht nur ein profunder Kenner der Tour war, sondern auch ein Mann, der beim Abendessen nicht auf den Spesensatz schaute. Er wollte neben dem Stress auch genießen, wenn er schon mal in Frankreich war. Der Kollege reiste mit einem Hotelführer, in dem die Herbergen vor allem nach der Küche bewertet wurden. Und so kam es Mitte der 90er-Jahre zu einem denkwürdigen Abend in einem abgelegenen Landgut im Zentralmassiv. Die Etappe war in Saint-Étienne zu Ende gegangen, der Berliner Kollege und drei andere, darunter ich, hatten schon am Morgen Zimmer in diesem Landgut gebucht. Der Preis war mit 75 Franc für das Einzelzimmer supergünstig.

Ein Problem war es allerdings, die Herberge zu finden. Wir hatten damals zwar schon Navis, aber die konnten mit der Adresse nichts anfangen. Gut eine Stunde von Saint-Étienne aus sind wir mindestens dreimal an der entscheidenden Abfahrt von der Hauptstraße vorbeigefahren, bis wir das kleine Schild dann doch noch gesehen haben. Ein besserer Feldweg führte weit hinein in ein Tal, schließlich in ein kleines

Wäldchen, in dem dann an einem Bach das Landgut lag rechts vom Weg das Hotel im Bauch der alten Mühle, links die Rezeption und das Restaurant, in dem es schon ziemlich dunkel war. Irgendwo schimmerte eine Kerze. Wir bekamen die Zimmerschlüssel und wollten nach der Besichtigung eigentlich gleich wieder los. Die Matratze hing bis zum Boden durch, im winzigen Bad gab es auf den ersten Blick viele Spinnweben, aber keine Dusche. Erst beim näheren Hinsehen wurde klar, dass die Stehtoilette gleichzeitig die Duschwanne war. Wir hätten wohl die Flucht ergriffen, wenn wir nur gewusst hätten, wohin. Außerdem hatten wir Hunger, und der Patron hatte uns versichert, dass wir auch jetzt zur späten Stunde noch Essen bekämen. *Bien sur.*

Also dann los. Vor dem Eingang des Restaurants verteilte der im korrekten schwarzen Anzug gekleidete Chef dann noch Krawatten an uns. Diese Kleiderordnung sei hier so üblich – obwohl nur noch zwei weitere Tische am anderen Ende des Restaurants belegt waren und es mitten im Juli immer noch um die 30 °C hatte. Darauf kam es dann aber auch nicht mehr an, und so saßen wir mit Krawatten über dem T-Shirt am Tisch. Zwei Stunden später war ich heilfroh, dass wir nicht das Weite gesucht hatten. Anders als das Hotel war das Essen unbeschreiblich gut. Ich erinnere mich noch an große Flusskrebse, die Rinderfilets in den Scheren hielten, an raffinierte Saucen und an ein Kartoffelgratin, das viel besser als jedes andere war, dass ich jemals zuvor gegessen hatte. Dazu suchte unser Berliner Gourmet Weine aus, die pro Flasche mindestens dreimal so viel kosteten wie das Zimmer, aber jeden Franc wert waren.

Nach diesem exquisiten Mahl war dann auch das Zimmer nur noch ein kleines Problem. Matratze aus dem Gestell heraus auf den Boden, dann ging es. Und das mit der Dusche hat auch noch geklappt, sie war zwar kalt, aber das war bei der Hitze egal. Heiß wurde uns dann wieder bei der Rechnung, auf der die Übernachtung fast keine Rolle spielte, da jeder von uns neben dem Menü auch noch eine Flasche edlen Weins auf dem Ticket hatte. Aber das war es wert, ein echtes Erlebnis.

WIE MAN SICH BETTET …

Allgemein erlebt man bei der Tour hotelmäßig so ziemlich alles, was es gibt. Das Billighotel im Kreisverkehr, ohne Küche, ohne Klimaanlage, ohne Trost. Oder aber die Übernachtung in einem privaten Schloss bei Nantes. Ein Traum, der in keinem Hotelführer auftaucht, den du zufällig entdeckst und der sogar bezahlbar ist. Und obendrein wird das Frühstück am Pool serviert. Oft bleibt aber bis spät in den Nachmittag die bange Frage: Habe ich überhaupt etwas für die Nacht? Deshalb gehört zur Grundausstattung der Tour auch ein Schlafsack – für alle Fälle.

Einmal hätte ich in den Pyrenäen tatsächlich fast im Auto schlafen müssen, aber nur fast. Ich wollte in Saint-Gaudens übernachten, das empfiehlt sich strategisch, wenn die Tour in den Pyrenäen ist. Der Ort liegt ungefähr in der Mitte zwischen Toulouse und Pau, und von dort aus kann man zwei, manchmal auch drei Zielorte anfahren. Saint Gaudens ist nicht groß, aber da es damals Ende der 90er kein Etappenort war, nahm ich an, es würde schon ein freies Zimmer geben. Gab es aber nicht, alle Häuser waren *complet,* also ausgebucht. Ich fuhr also von Hotel zu Hotel und erntete nur Kopfschütteln. Ich wollte schon zurück nach Toulouse, als mir ein kleines Schild am Straßenrand ins Auge fiel: *Hostellerie des Cèdres.* Hundert Meter abseits der Hauptstraße war das ein Traum von Haus, eine Art Schloss mit einem Park voller riesiger Bäume. Eine Restaurant-Terrasse, daneben ein Pool, und nirgends ein Schild *complet* zu sehen. Der Parkplatz war auch fast leer, und so ging ich voll Zuversicht zur Rezeption.

Der Maître stand hinter dem Tresen, sah meine Presse-Akkreditierung, die man bei der Tour an einem Band um den Hals trägt, und fragte: »Television Allemande – ARD?« Auch dieses Haus war natürlich *complet.* Jetzt war es eh schon egal, ich sagte *oui* und bekam einen Zimmerschlüssel. Eine halbe Stunde später rauschten die Fernsehkollegen an. Insgesamt hatten sie sechs Zimmer gebucht, eines davon hatte jetzt aber ich, oder zumindest eine kleine Hoffnung darauf. Als ich die Truppe auf den Parkplatz fahren sah, lief ich in die Rezeption und erklärte mich: »Sorry, ich habe ein Zimmer von euch genommen.«

JÜRGEN LÖHLE

Ich muss dabei so verzweifelt ausgesehen haben, dass Jürgen Emig, der damals bei den Fernsehleuten der Chef war, sagte: »Behalte es, wir teilen uns schon auf.« Wer dann von der ARD-Crew mit einem anderen das Zimmer teilte, weiß ich nicht mehr. Ich war jedenfalls hocherfreut über so viel Solidarität, die ja bei dem Tour-Stress alles andere als selbstverständlich ist. Der abendliche Wein für alle ging dann natürlich auf meine Rechnung. Denn eines ist klar – ohne Bett bist du bei der Tour ganz schnell am Ende.

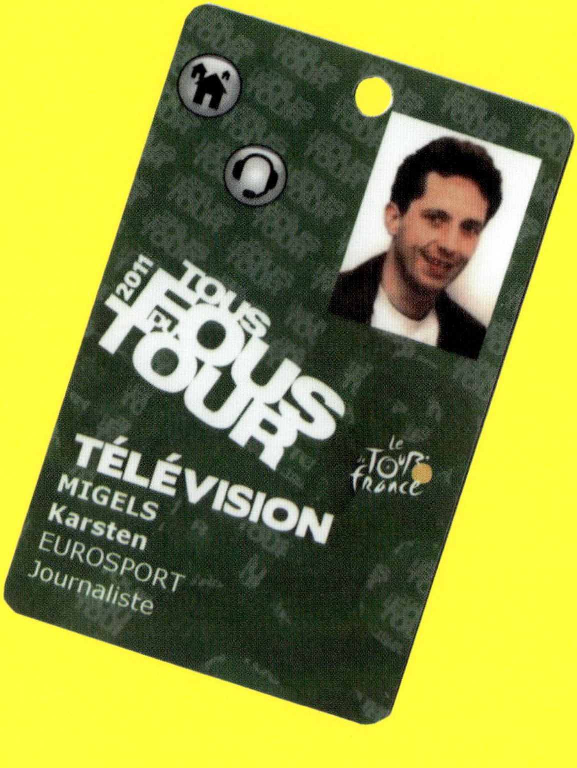
2011
TOUS FOUS DU TOUR
TÉLÉVISION
MIGELS
Karsten
EUROSPORT
Journaliste
le Tour de France

Die Tour de France und das Motto des Jahres 2011:
Tous Fous du Tour! Ein Spektakel, das wirklich alle verrückt macht. Ohne die Akkreditierung ist man quasi verloren.

KARSTEN MIGELS: DAS HOTEL AN DER AUTOBAHN

Es war das Jahr 2002, als die Tour zum zweiten Mal nach 1989 in Luxemburg gestartet wurde und von dort aus über Saarbrücken in die Bretagne führte. Weiter ging es in den Süden, in die Pyrenäen, um dann Kurs auf die Alpen zu nehmen. Bevor die jedoch mit einer Reihe von Pässen – unter anderem dem Col du Galibier und seinen 2.645 Metern – die letzten Etappen auf dem Weg nach Paris markierten, musste bei einer Bergankunft am Mont Ventoux dieser kahle Gigant der Provence erklommen werden.

Es war das erste Mal, dass ich als Reporter mit der entsprechenden Akkreditierung freie Fahrt bis auf den Gipfel des windigen Berges hatte. Voller Vorfreude nahmen wir die 21 Kilometer lange Steigung über Bédoin in Angriff und suchten uns einen Weg durch die Massen der Radsportfans, die sich dieses Spektakel nicht entgehen lassen wollten und am Berg unterwegs waren.

Richard Virenque hat dann die 220 Kilometer lange Etappe gewonnen und den Franzosen den zweiten Tageserfolg bei dieser Tour beschert. Für den Bergspezialisten und Publikumsliebling war es sein fünfter Tour-Etappensieg und nach seinem Dopinggeständnis im Lauf des Festina-Skandals und der damit verbundenen Sperre von sieben Monaten auch eine Art Wiedergeburt.

Wie an jedem Tag machten wir uns nach der Übertragung auf den Weg zum Auto und warteten mit anderen Journalisten auf die Freigabe der Strecke, um über Malaucéne – also die nordwestliche Seite des Mont Ventoux – nach Orange zu unserem Hotel zu gelangen. Dieses Hotel hatte einen besonderen Stellenwert, denn die Tour stand vor dem zweiten Ruhetag, und das bedeutete: zwei Nächte in einem Hotel. Also etwas Entspannung und Erholung, bevor die letzten sechs Etappen der Rundfahrt beginnen sollten.

Orange war bald erreicht, denn auf den Abfahrten von den Bergankünften der Tour werden wir in der Regel im Konvoi geleitet, und daher ging alles recht flott. Zudem waren es nur zirka 70 Kilometer bis zum Hotel, die auch schnell hinter uns lagen.

Nun muss man wissen, dass dieses Städtchen Orange an der Hauptverkehrsstraße nach Spanien, also der A7 bzw. A9 liegt, und der Juli die Hauptferienzeit in Frankreich ist. Eine Kleinstadt wie Orange zählt ungefähr 28.000 Einwohner, und daher sind die Kapazitäten der Hotels in der Region zu dieser Zeit sehr gefragt. Wer nicht rechtzeitig bucht, der muss nehmen, was übrig bleibt.

So parkten wir unser Auto vor einem dieser typischen französischen Drei-Sterne-Budget-Hotels und waren gespannt auf das, was uns dort erwarten würde. Sicher nicht ganz ideal war die Tatsache, dass das Hotel unmittelbar neben der Mautstation, also direkt an der Autobahn lag, und wir daher schon ahnten, dass die folgenden zwei Nächte und der Ruhetag nicht wirklich ruhig werden würden. Aber die Tour ist die Tour, mit Überraschungen ist immer zu rechnen. Ich dachte an den

Satz, den mir ein älterer Herr vor einigen Jahren in einer ähnlichen Situation gesagt hatte: »Man muss immer auf das Schlimmste gefasst sein und das Beste hoffen.«

Wir waren zu dieser Zeit die ersten Gäste aus dem Umfeld der Tour, der Parkplatz war noch nahezu leer, nur ein paar Autos bepackt mit allen möglichen Utensilien für einen entspannten Urlaub waren dort abgestellt. Diesen Vorsprung gegenüber anderen Tour-de-France-Hotelgästen wollten wir zum schnellen Einchecken nutzen. Also raus aus dem Auto und rein in die fast wie geschlossen wirkende Unterkunft. An der Rezeption erhellte Neonbeleuchtung den Raum mehr schlecht als recht, die Luft war stickig, und die Klimaanlage schien auch in Urlaubsstimmung zu sein.

Leicht enttäuscht und etwas genervt ob dieser Umstände nahm ich meinen Zimmerschlüssel entgegen. Ich lief ein paar Meter weiter zu einer Tür, die mich ins Treppenhaus und damit ins erste Obergeschoss zu meinem Zimmer bringen sollte. Ich trat hindurch und suchte vergebens nach einem Lichtschalter, als sich plötzlich die Tür hinter meinem Rücken mit einem lauten Rumms schloss.

Nach einer Weile hatten sich meine Augen an die Dunkelheit gewöhnt, daher konnte ich mich nun Stufe für Stufe orientieren und wuchtete meinen Koffer die Treppe hinauf. Irgendwann sah ich am anderen Ende eines Ganges Licht, dass durch ein verschlossenes Fenster schimmerte, und nahm an, dass ich in der richtigen Etage angekommen war. Ich ging ein paar Meter weiter, und, oh, Wunder: Plötzlich wurde es taghell; ich war an der Lichtschranke für die Beleuchtung angelangt. Also, alles doch nicht so schlimm, wie es sich in meinem Kopf schon dargestellt hatte, und etwas erleichtert suchte und fand ich nun mein Zimmer.

Ich öffnete die Tür und hatte ein kleines Déjà-vu, denn es war stockdunkel, nur am Fenster schien etwas Tageslicht durch die verschlossenen Läden. Und schon knallte erneut die Tür mit einem lauten Rumms hinter mir zu. Meinen Koffer stellte ich zur Seite und arbeitete mich mit ausgestreckten Armen bis zum Fenster vor. Bald ertastete ich den Rollladengurt und zog fest daran, um endlich Licht ins Dunkel zu bringen.

Das Licht war mir nicht genug, und ich öffnete umgehend das Fenster, um etwas frischere Luft ins Zimmer zu lassen. Zu meiner Überraschung war es ein relativ großer Raum mit zwei Betten, die im Abstand von ungefähr einem Meter nebeneinanderstanden. Es folgte eine kurze Inspektion der Räumlichkeiten mit einem Blick ins Badezimmer, die Toilette, den Schrank und einem anschließenden Test, ob der angeschlossene Fernseher funktionierte und vielleicht sogar ein deutschsprachiges Programm zu empfangen war. Als ich auf die Uhr schaute, stellte ich fest, dass nicht mehr viel Zeit übrig war, um mich kurz frisch zu machen und anschließend mit den Kollegen in das Ortszentrum zum Essen zu gehen.

Nur eine Frage stand noch aus, die ich vor dem Verlassen des Zimmers lösen wollte. So stand ich vor den Betten und überlegte, in welchem ich die nächsten zwei Nächte verbringen und auf welches ich meinen Koffer legen wollte. Zum Schlafen wählte ich schließlich das Bett auf der linken Seite, weil es näher am Fenster stand und ich mir so etwas mehr frische Luft um die Nase erhoffte. Auf das andere legte ich rasch meinen Koffer und zog noch schnell ein frisches T-Shirt an.

Endlich war ich fertig und stellte mit einem Blick auf mein Bett fest, dass ich das Laken noch gar nicht zurückgezogen hatte, um nach der Rückkehr eine etwas gemütlichere Atmosphäre vorzufinden und direkt ins Bett hüpfen zu können. Dafür war nun aber keine Zeit mehr. Ich musste mich beeilen, um die Kollegen nicht unnötig warten zu lassen. Nach einem guten Essen mit noch besserem Wein ging ich voll Vorfreude auf ausreichend Nachtschlaf und den anstehenden Ruhetag zurück ins Hotel. Ich schlug das Laken zur Seite – und blickte mit Entsetzen auf eine fleckige Matratze, die ihre besten Zeiten offensichtlich schon hinter sich hatte, als das Hotel gebaut wurde. Fast schon reflexartig warf ich die Decke wieder zurück, schnappte meinen Koffer und legte ihn darauf.

Etwas angespannt zog ich nun das Laken des zweiten Bettes zur Seite. Erleichtert stellte ich fest, dass es auf dieser Matratze ein weiteres Laken gab. Eines also, um sich in den sommerlichen südfranzösischen Nächten leicht zuzudecken, und das andere, um der Matratze einen akzeptablen Auftritt zu ermöglichen. Wie es sich darunter tatsächlich verhielt, wollte ich in diesem Hotel nicht mehr erfahren und ließ sie für die folgenden beiden Nächte sorgsam bedeckt. Gelegen habe ich jedenfalls gut!

VON ALTEN HASEN UND JUNGEN HÜPFERN

DIE LIEBEN KOLLEGEN

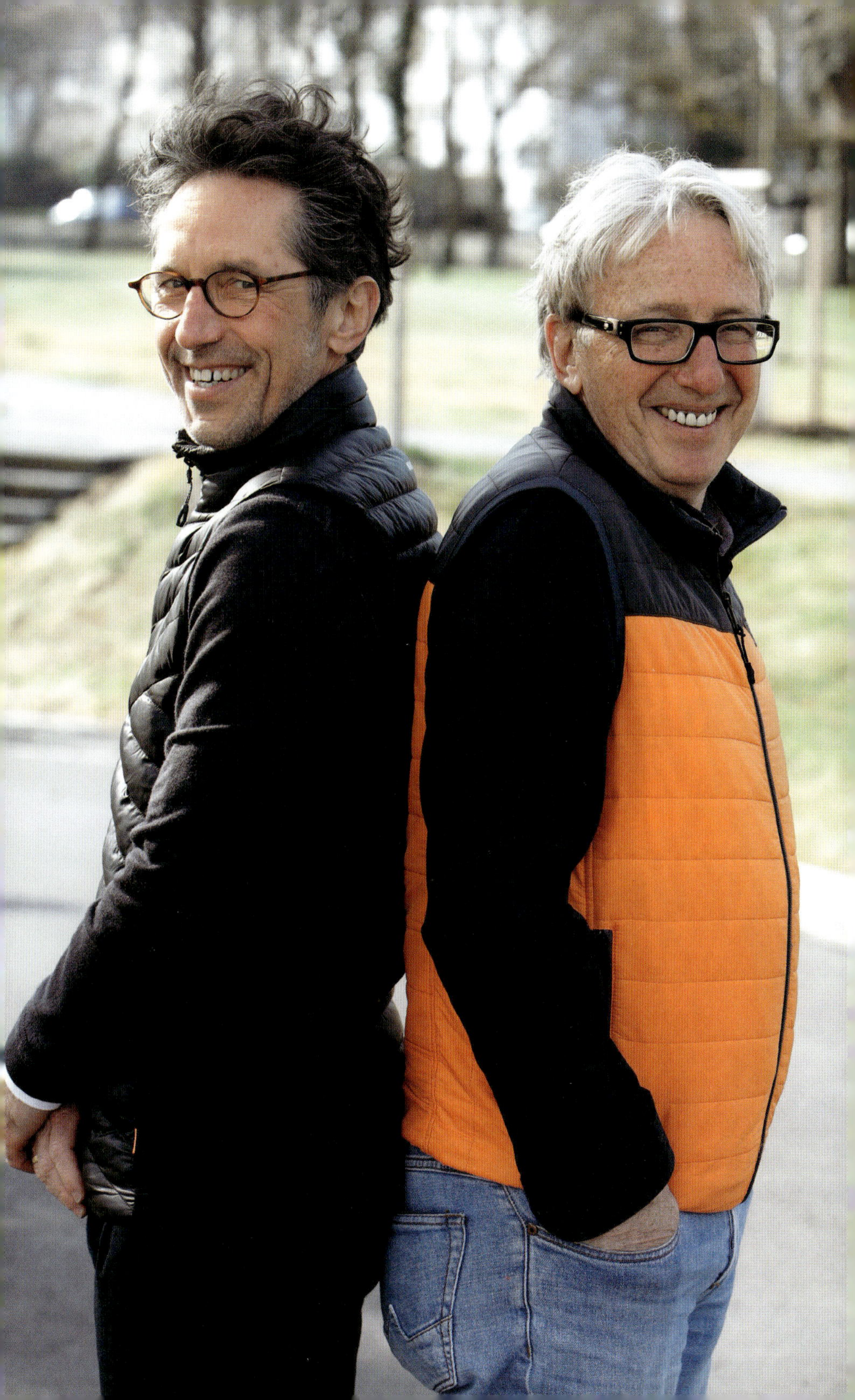

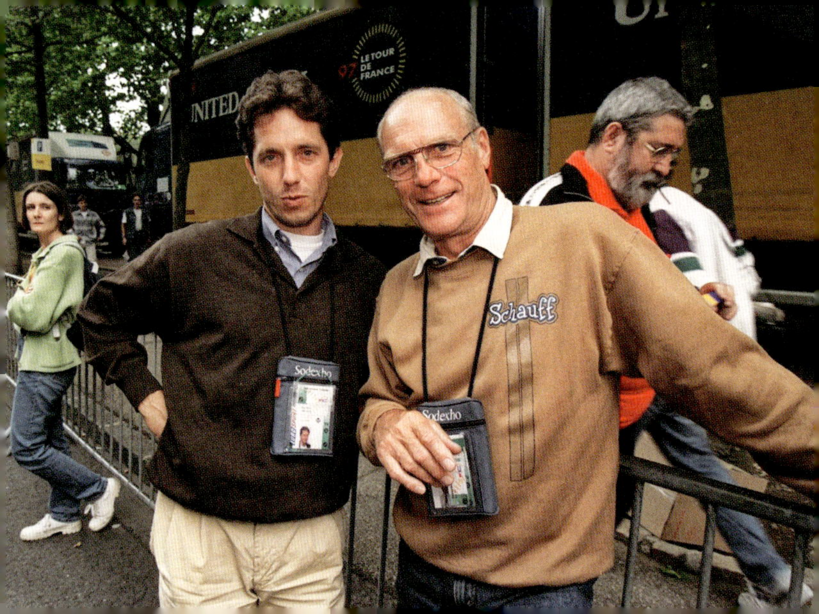
97 LE TOUR DE FRANCE
UNITED
Schauff
Sodexho
Sodexho

Bei meiner ersten Tour de France 1997 gemeinsam mit Rudi Altig am Mikrofon:
nicht nur ein guter Lehrmeister, sondern ein ganz toller Mensch!

KARSTEN MIGELS: DREI WOCHEN IM GETÜMMEL

Im Straßenradsport beginnt die Rennsaison bereits Ende Januar und endet viele Monate später Mitte Oktober. Etliche dieser Rennen werden von *Eurosport* und *GCN+* übertragen. Und auch wenn die Tour de France in der Öffentlichkeit einen höheren Stellenwert hat als der Giro d'Italia und die Vuelta a España, sind die Vorbereitungen und Sendezeiten dieser Grand Tours für uns genauso umfangreich.

Was die Landesrundfahrten in Italien und Spanien von der Tour de France unterscheidet, ist die mediale Aufmerksamkeit in diesen drei Wochen. Bei der Tour sind deutlich mehr Journalisten im Einsatz, und durch die vielen digitalen Medien ist die Zahl der akkreditierten Personen in den letzten Jahren ohnehin nochmals gestiegen. Während die Tour-Organisation in den vergangenen Jahren von rund 2.000 akkreditierten Journalisten und Fotografen sprach, waren es bei der Vuelta laut deren offizieller Angabe nur 1.130 Personen in diesem Bereich.

WIR STÜRZEN UNS DREI WOCHEN INS GETÜMMEL BEI EINER DER GRÖSSTEN SPORTVERANSTALTUNGEN DER WELT UND FINDEN NUR DANN ETWAS RUHE UND ENTSPANNUNG, WENN WIR AM ABEND DIE ZIMMERTÜR HINTER UNS GESCHLOSSEN HABEN. UND GENAU AUS DIESEM GRUND IST ES EXTREM WICHTIG, EIN GUTES MITEINANDER UND ARBEITSKLIMA ZU HABEN.

Vielen Zuschauern wird bekannt sein, dass *Eurosport/GCN+* keine eigenen Livebilder von Rennen sendet, sondern wir diese bei der Tour de France und allen anderen Radrennen von den produzierenden Fernsehgesellschaften übernehmen. Von *Eurosport* produziert sind dagegen zum Beispiel die Interviews vor und im Anschluss einer Etappe. Ebenso die Liveschalten zu Bernhard Eisel oder Bradley Wiggins auf dem Begleitmotorrad im Rennen, wie wir sie seit einigen Jahren kennen. Dies bedeutet, dass unsere Personalstärke in Frankreich in den letzten Jahren ebenfalls sehr stark angestiegen ist. Vor 20 Jahren waren wir mit insgesamt zehn bis 15 Personen im Einsatz. Dem stehen heute zirka 70 Mitarbeiter in unterschiedlichen Bereichen gegenüber, wie Start und Ziel, bei der Streckenvorstellung durch Alberto Contador oder Juan Antonio Flecha oder in den Studios. Während für die Kommentatoren im deutschsprachigen Bereich nach Beendigung der Etappe in der Regel auch die Arbeit beendet ist, wird für *Eurosport France* und *Eurosport UK* im Studio noch ein tägliches Resümee gezogen, bevor der Feierabend ansteht.

Drei bis vier Wochen – je nach Arbeitsbereich des jeweiligen Kollegen – sind wir im Rahmen einer Grand Tour unterwegs. Ich sage immer: In drei Wochen verbringen einige Familien ihren gesamten Jahresurlaub und genießen diese Zeit mit Ruhe und Entspannung, um sich zu erholen. Wir stürzen uns drei Wochen ins Getümmel bei einer der größten Sportveranstaltungen der Welt und finden nur dann etwas Ruhe und Entspannung, wenn wir am Abend die Zimmertür hinter uns geschlossen haben. Und genau aus diesem Grund ist es extrem wichtig, ein gutes Miteinander und Arbeitsklima zu haben. Schon als ich noch viel in der Sendezentrale in Issy-les-Moulineaux bei Paris gearbeitet habe, habe ich Respekt und Wertschätzung unter den Mitarbeitern sehr zu würdigen gelernt.

Ich arbeite und verbringe die Zeit am Abend am liebsten mit meinem britischen Kollegen Carlton Kirby. Carlton ist ein sehr positiv denkender Mensch, mit dem man über Gott und die Welt reden kann, und er versprüht bei diesen Gesprächen immer wieder eine Prise seines britischen Humors. Das ist neben dem Austausch an täglichen Informationen zum Rennen und zu den Fahrern eine sehr willkommene Abwechslung, die manchmal auch mit einem guten Essen und einem leckeren Schluck Wein abgerundet wird. Carlton liebt die französische und italienische Küche und ist immer bestrebt, ein gutes Restaurant in der Nähe des Hotels zu finden. Besonders bieten sich die Ruhetage während einer Grand Tour für solche Exkursionen an, die, je nach regionalem Angebot, auch schon mal für eine Weinprobe genutzt werden. Dieser Tapetenwechsel ist sehr entspannend und macht den Kopf etwas freier für die nächsten Tage.

Es ist aber nicht so, dass wir nur zu zweit die Restaurants oder ein Weingut besuchen. In der Regel sind unsere direkten Kollegen – also die Experten von *Eurosport* – dabei. Und am Ende ist es ganz egal, ob wir zu zweit, zu dritt oder mit noch mehr Personen essen gehen: Die Rechnung wird durch die Summe der Beteiligten geteilt, und jeder wirft seinen Anteil in den »Topf«.

Natürlich ist der Radsport an solchen Abenden das vorherrschende Thema. Es beginnt mit der Analyse des Tages und endet mit den Geschichten von damals, wenn die ehemaligen Profis die Erlebnisse von ihren persönlichen Tour-Teilnahmen oder anderen Rennen auspacken und immer wieder aufs Neue erzählen. Carlton und ich sind seit vielen Jahren mit ihnen unterwegs und haben diese Storys schon einige Male gehört, daher schalten wir unsere Ohren dann schon mal auf Durchzug. Was mich aber immer wieder an den Radprofis begeistert, ist die Tatsache, dass die meisten vollkommen entspannt sind und keine Allüren haben; von Sean Kelly über Jean-François Bernard, Jacky Durand, Richard Virenque und Greg Lemond bis hin zu den Experten aus dem deutschsprachigen Raum.

Vielleicht liegt es daran, dass Radsport ein Mannschaftssport ist und jeder Einzelne gelernt hat zu teilen, für den anderen zu arbeiten und sich je nach Situation auch mal aufzuopfern. Keiner glaubt, er sei etwas Besseres, nur weil er die Tour bestritten hat oder bei anderen Rennen erfolgreich war. Es ist ein Miteinander. Und dieser respektvolle Umgang miteinander hilft ungemein dabei, nicht nur gute Arbeit zu machen, sondern auch Spaß dabei zu haben und sie in guter Erinnerung zu behalten. Das Miteinander ist ganz sicher ein wesentlicher Grund dafür, dass ich mich Jahr für Jahr wieder auf die Tour freue. Denn dort kann man nur als Team erfolgreich sein – als Sportler wie als Journalist.

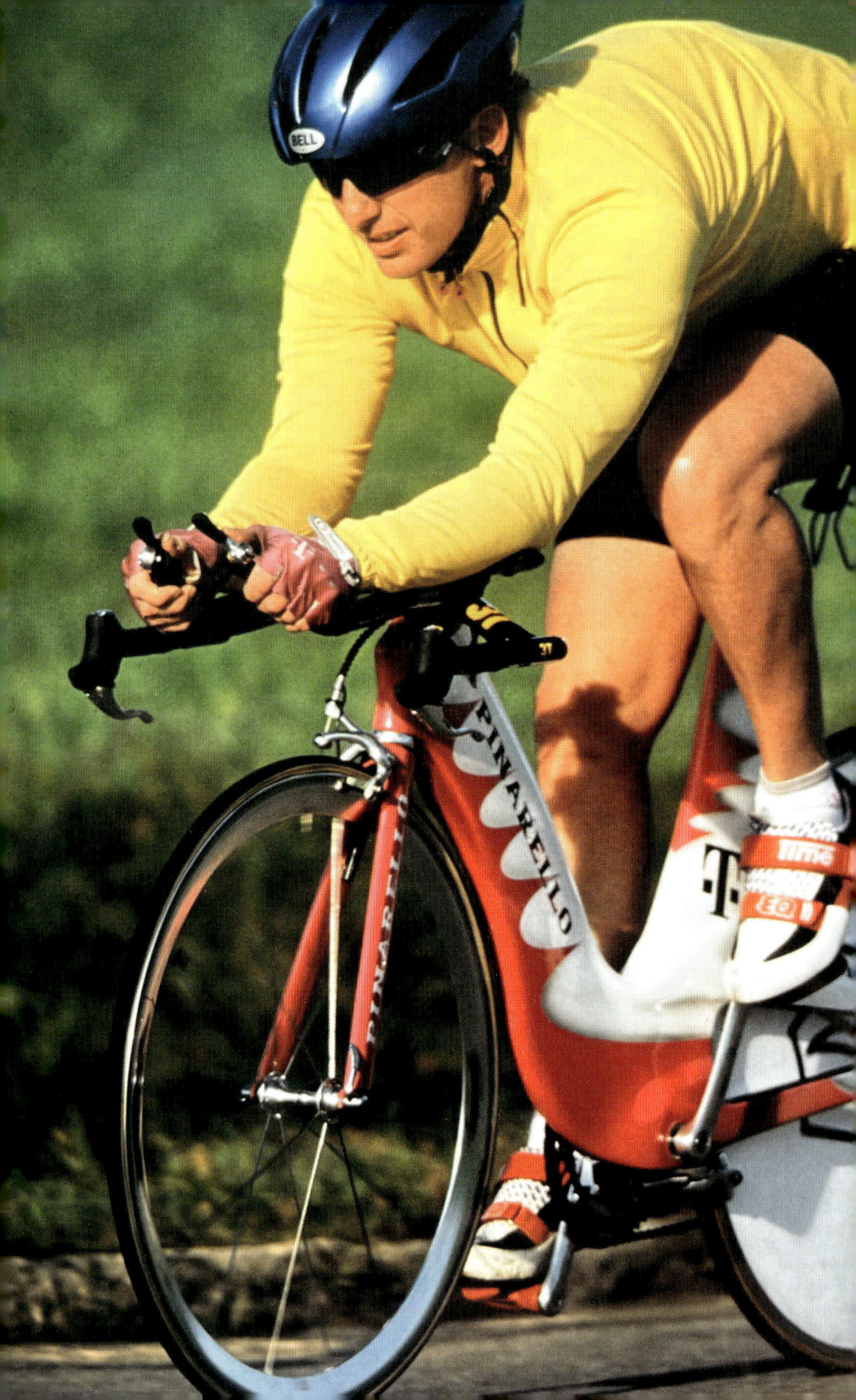
BELL
PINARELLO
PINARELLO
time

Echtes Rad, falscher Fahrer: Als Reporter bekommt man für einen Artikel auch mal die Gelegenheit zu außergewöhnlichen Tests wie hier 1997 – aber erst nach der Tour.

JÜRGEN LÖHLE: KOLLEGE RÜDOLF

Man kann natürlich allein im Auto zur Tour de France fahren. Das hat den Vorteil, von niemandem terminlich abhängig zu sein. Aber es hat auch den Nachteil, jeden Meter selbst fahren und (zumindest als freier Journalist) auch bezahlen zu müssen. Und man vergibt die Chance, Kollegen näher kennenzulernen. Das kann sehr spannend sein. Während meiner Tour-Zeit habe ich dort Menschen getroffen wie zum Beispiel Klaus Brinkbäumer, später Chefredakteur des *Spiegels,* oder Edelfedern wie Hajo Schumacher (auch *Spiegel*), Helmut Schümann (*Tagesspiegel Berlin*) oder Detlef Hacke (*Spiegel, Stern*). Im Auto bin ich aber mit keinem von ihnen gefahren. Den Job des Tour-Piloten für die Genannten hat oft Hartmut Scherzer geschultert, auch ein freier Kollege, der die Herren mit der eisernen Disziplin des ehemaligen Boxers in ein gnadenloses Zeitmanagement zwang. Hartmut war meist schon im Zielort des Tages, wenn im dortigen Pressezentrum noch alle Stühle leer waren und gerade erst die Kaffeemaschinen aufgebaut wurden.

Ich bin am Anfang mit dem Kollegen Benno Breitenstein zusammen gefahren. Das klappte allerdings nicht wirklich gut, weil der Mann für die *Stuttgarter Nachrichten* arbeitete und ich damals für die *Stuttgarter Zeitung*. In den 90er-Jahren waren das noch unabhängige Redaktionen, die zwar Eigentum der gleichen Medienholding waren, aber trotzdem in redaktioneller Konkurrenz zueinander standen. Jede Redaktion hatte sich den besseren und vor allem exklusiveren Journalismus auf die Fahnen geschrieben. So wollte natürlich jeder von uns am Abend mit einem anderen Fahrer für eine weitere Geschichte reden, und da sich das Auto nicht einfach teilen ließ und zu Fuß gehen angesichts der Distanzen unmöglich war, krachte es ziemlich oft. Zum Glück immer nur verbal. Ich war dem lieben Benno allerdings einmal richtig dankbar, als er in einem ebenfalls gemeinsam gebuchten Hotelzimmer (es gab kein weiteres mehr) in den Cevennen eine Fledermaus mit dem T-Shirt einfing und zum Fenster hinauswarf – zum Glück war es auch noch sein Shirt. Wir haben danach schnell das Fenster geschlossen und eine ruhige Nacht verbracht. Das Shirt lag übrigens am nächsten Morgen unversehrt im Garten des Hotels. Ich bin dann künftig aber doch lieber allein gefahren, auch wenn man in dem Fall nicht die grüne Auto-Akkreditierung bekommt, mit der man im Rennen die Profis überholen darf. Für diese Zulassung müssen mehrere Journalisten im Auto sein, dazu am besten auch noch ein Fahrer. Aber man kann auch ohne den grünen Kleber an der Frontscheibe gut arbeiten, und beim Überholen des Pelotons oder einzelner Fahrer kann man streng genommen ohnehin kaum etwas richtig, aber vieles falsch machen.

Und dann gab es eine Zeitlang einen journalistischen Tour-Begleiter für die *Bild*-Zeitung, der hatte »Grün« und dazu einen Fahrer, der gleichzeitig auch Bodyguard war. Rudolf Scharping schlug seit 1996 immer mal wieder als eine Art lebendes Maskottchen des Team Telekom bei der Tour de France auf und schrieb in dieser Zeit manchmal auch Kolumnen für die *Bild*. Das waren zwar eher harmlose Aufsätze, aber *Rüdolf Scharping, Ministre de la Défense Allemagne,* wie es einst auf seiner Akkreditierung stand (tatsächlich mit ü), war natürlich immer mehr als ein normaler Kollege. Der Verteidigungsminister hatte Zugang zu den Speisesälen der Teamhotels, saß mit den Profis am Tisch und durfte jederzeit mit jedem reden. Davon konnten wir nur träumen. Jan Ullrich mochte Scharping zwar schon damals nicht leiden und schimpfte ihn später einmal einen »Schulterklopfer, der meine Popularität ausgenutzt hat«, aber Scharping war eben ganz dicht dran, weil es der Sponsor Telekom so wollte. Das gefiel Ullrich gar nicht, aber er musste sich natürlich mit dem Polit-Promi arrangieren. Und wir Journalisten waren auch nicht glücklich darüber, wenn sich Scharping nicht als »normaler« Tour-Gast, sondern als Berichterstatter gerierte. Udo Bölts erzählt noch eine andere Geschichte mit Rüdi. 1997 hatte Bjarne Riis ein technisches Problem, und Udo wollte per Funk bei Walter Godefroot im ersten Renndienstwagen (nennt man so) nachfragen, ob er auf ihn warten sollte oder ob der Kapitän den Anschluss allein schaffen würde. Aus dem Wagen aber meldete sich mit sonorer Stimme Rudolf Scharping, der an diesem Tag auch noch in der Telekom-Schaltzentrale mitfahren durfte. »Ich wäre vor Schreck fast vom Rad gefallen«, erinnert sich Bölts. »Kollege« Scharping gab dann aber doch weiter an Godefroot, der noch vor dem Auto stand und Riis bei seinem Defekt half.

So richtig zur journalistischen Tour-Familie hat der heutige Chef des Bundes Deutscher Radfahrer (BDR) allerdings nicht gepasst. Schon allein deshalb nicht, weil er wohl der einzige Journalist mit Bodyguard bei der Tour war. Viele waren zudem der Meinung, dass der Platz eines hochrangigen Bundespolitikers eher in Berlin als bei der Tour de France sei. Scharping betonte natürlich immer wieder, dass er für seine Ausflüge zur Tour ganz offiziell Urlaub nehmen würde. Es passte aber trotzdem nicht so richtig, da Scharping als Journalist meines Wissens höchst selten ein Pressezentrum von innen gesehen hat und nicht nur deshalb nicht so tief in die Szene einsteigen konnte, dass er Teil der Medien-Community werden konnte. Und die gab und gibt es: Die allermeisten Journalisten der Tour helfen sich in dem Informationschaos gegenseitig weiter. Das war besonders in der Vor-Handy- und -Internet-Zeit wichtig, da man fast unmöglich alle Infos, die man brauchte, allein zusammentragen konnte. Hartmut Scherzer war zum Beispiel derjenige, der eine tonnenschwere Tasche mit sich herumschleppte, in die alle relevanten Nachschlagewerke passten. Hartmut konnte von jedem lebenden oder auch schon verstorbenen Profi so gut wie jedes relevante Rennergebnis und das korrekte Datum dazu liefern. Ohne ihn wäre ich so manches Mal echt aufgeschmissen gewesen. Heute ist das alles kein Herrschaftswissen mehr, für alle irgendwie denkbaren Statistiken braucht man nur noch ein Tablet, eine Internetverbindung und eine Suchmaschine im Browser.

Trotzdem arbeitet man heute auch noch oft zusammen, denn es gibt bei der Tour natürlich mehr Infos als schlichte Statistiken oder Stimmen von Sportlern oder deren Umfeld, die man teilen kann. Und es gibt scheinbar unlösbare Situationen, die ein Kollege dann doch noch retten kann. Ebenjener Hartmut Scherzer hat mir anno 1992 regelrecht die Tour gerettet. Am Ruhetag in Dole bin ich mit ein paar Kollegen beim Journalistenrennen mitgefahren, ein Spektakel, das es schon seit vielen Jahren nicht mehr gibt. Kurz vor unserem Start zum Teamzeitfahren war plötzlich mein Vorderrad platt. Ich hatte zwar noch einen Schlauch dabei, aber kein Werkzeug. Kurzerhand habe ich den Mantel mit dem Autoschlüssel abgezogen, der danach aber so verbogen war, dass er nicht mehr ins Zündschloss passte. Beim Zurückbiegen brach er schließlich auseinander. *Grand malheur.*

Nun muss man wissen, dass ein Schlüsseldienst einen Autoschlüssel nicht so ohne Weiteres kopieren darf, dass es zudem bei einem gebrochenen Schlüssel einen Meister seines Fachs braucht, und dass es sicher einen Tag gedauert hätte, bis mir die Redaktion aus Deutschland per Kurier den Ersatzschlüssel, den ich natürlich nicht dabeihatte, zugeschickt hätte. »Fahr du das Rennen, und ich schaue mal«, sagte Scherzer, nahm die Fragmente und zog ab. Ich ging trotzdem völlig illusionslos in das kurze Rennen. Nach 40 Minuten waren wir wieder im Ziel – und da stand schon Hartmut Scherzer mit einem nagelneuen Nachschlüssel in der Hand! Der Teufelskerl hatte in Dole nicht nur sofort einen Schlüsseldienst gefunden, sondern dort auch einen Chef, der es handwerklich echt draufhatte. Scherzer erklärte dem Mann, dass es für das Wohl der Tour wichtig wäre, das Problem zu lösen. Das stimmte natürlich nicht so ganz, aber wenn es um die Tour geht, packt die Franzosen der Ehrgeiz. Ich bin Harmut heute noch dankbar.

Gegenseitige Hilfe gibt es übrigens über die Grenzen der Medien hinweg. Zwar ist mein Tour-Alltag als Schreiber ein komplett anderer als der von Karsten Migels als Fernsehkommentator, aber wenn man sich dann doch mal im Zielbereich, einem Restaurant oder in einer Hotellobby über den Weg läuft, gibt es keinerlei Berührungsängste. Auch mit den Kolleginnen und Kollegen vom Radio nicht. Das klingt eigentlich ganz normal, ich hab es allerdings beim Fußball auch schon anders erlebt. Da schaute immer mal wieder eine prominente Fernsehnase einfach durch den kleinen Schreiberling hindurch. Nein, natürlich nicht alle, aber eben doch manche. Im Radsport habe ich das dagegen nie erlebt.

Im Gegenteil: Matthias Stach, jetzt der wohl prominenteste Tennisreporter und Kommentator, hat 1998 als Tour-Novize in Dublin bei uns Printmenschen gefragt, ob er sich mal mit ein paar Fachfragen melden könnte. Konnte er natürlich, jeder von uns wusste schließlich genau, wie sich das anfühlt, wenn man zum ersten Mal in diesen verrückten Wanderzirkus eintaucht. Und 1998 war es besonders tricky, da versank die Tour de France bekanntlich schon drei Tage vor dem Start in Irland mit der Verhaftung von Willy Voet im Dopingchaos. Das hat auch erfahrene Kollegen ins Schwitzen gebracht. Und wie. Matthias Stach schwitzte damals auch. Aber mehr aus Panik auf dem Beifahrersitz, weil er sich vorher nicht hatte vorstellen können, wie gnadenlos nach Rennschluss bei der Tour Auto gefahren wird, um vor dem großen Stau wegzukommen. »Da bin ich um Jahre gealtert«, schmunzelt er heute. Wenn er den Job länger gemacht hätte, hätte er sich wohl irgendwann selbst hinters Steuer geklemmt.

“STERN-
STUNDEN
UND
ABGRÜNDE”

„DIE TOUR MACHT ALLE VERRÜCKT“

DIE SPANNENDSTEN FRANKREICH RUNDFAHRTEN

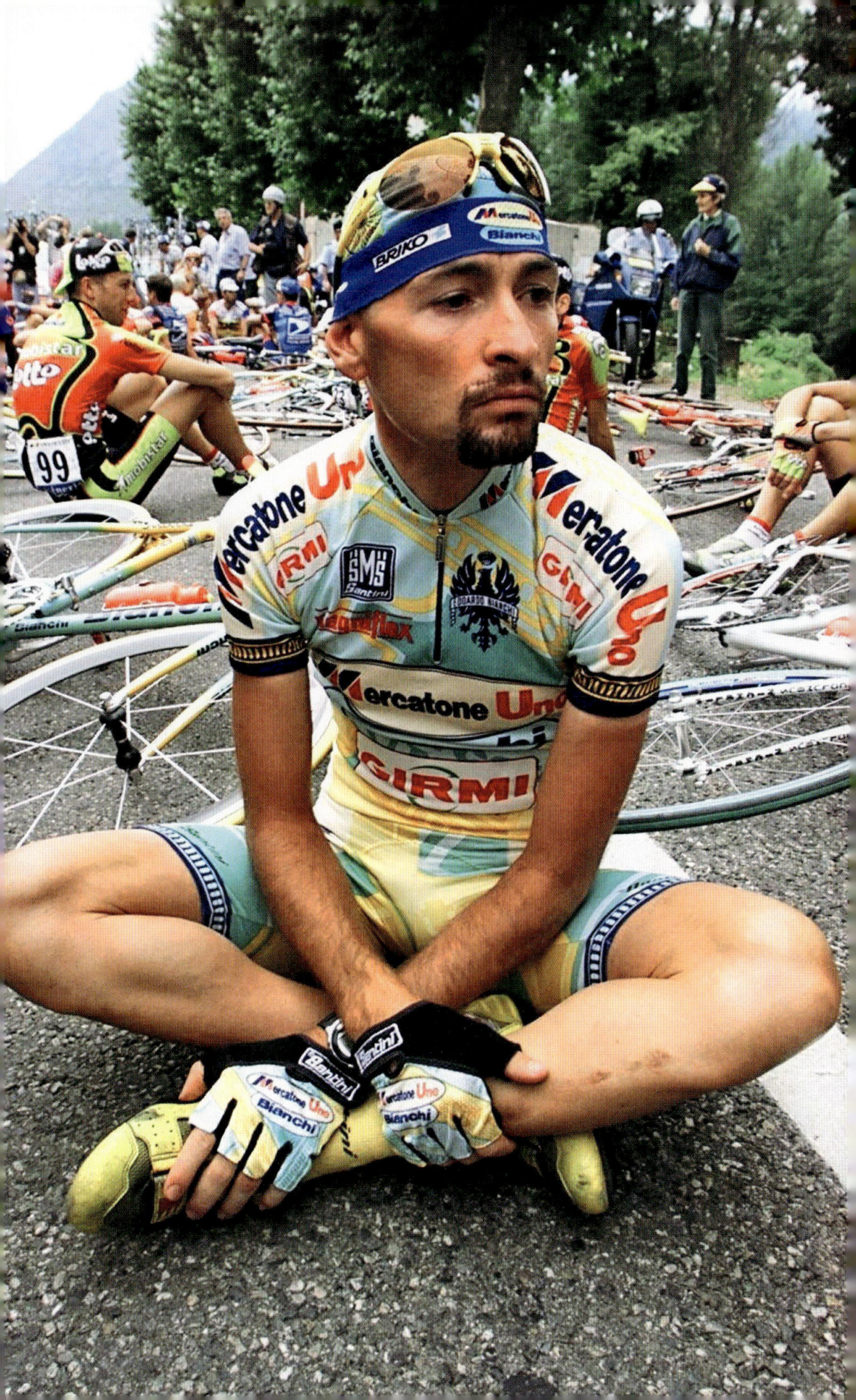
BRIKO
Mercatone Uno
Bianchi
Mercatone Uno
GIRMI
Mercatone Uno
GIRMI
Santini
99
mobistar

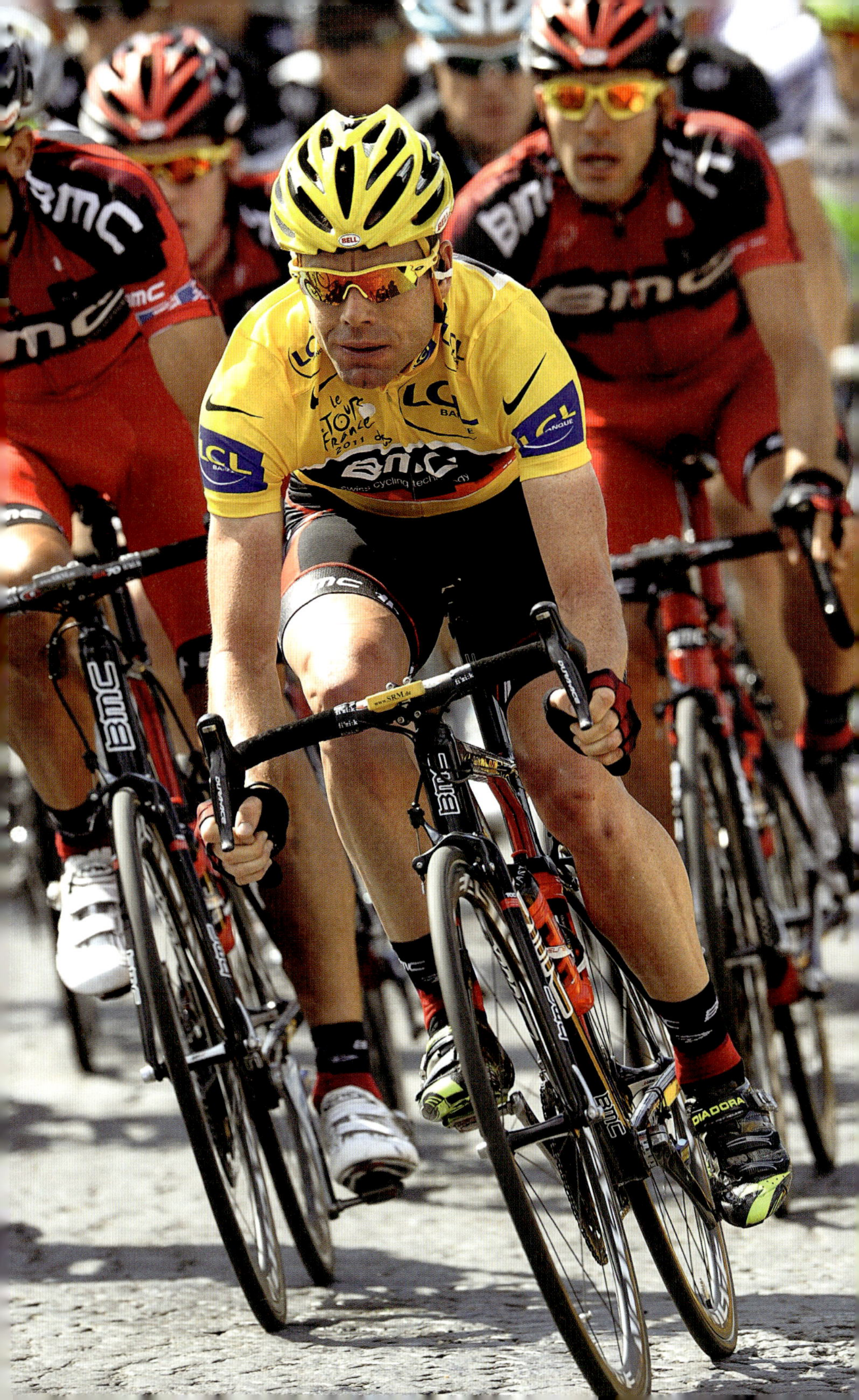
BMC
LCL
BELL
DIADORA

Typen der Tour – jeder auf seine Art:
Marco Pantani streikt 1998 gegen Doping-Verhaftungen, Cadel Evans gewinnt 2011 als Außenseiter und als erster Australier eine verrückte Tour.

KARSTEN MIGELS: DREI WOCHEN IM SCHLEUDERGANG – MEINE SPANNENDSTE TOUR

Es ist eine schwierige und interessante Frage: Welches war meine eindrucksvollste Tour de France? War es die Tour 1989 mit dem minimalen Abstand von acht Sekunden nach der letzten Etappe zwischen dem Amerikaner Greg Lemond und Laurent Fignon, dessen Markenzeichen seine Nickelbrille und sein blonder Pferdeschwanz waren? War es die Tour 1997 mit dem ersten deutschen Gesamtsieger Jan Ullrich? Oder war es der erste Sieg eines Briten im Jahr 2012 durch Bradley Wiggins, zudem vor seinem Landsmann und späteren viermaligen Sieger Christopher Froome?

Woran ist die eindrucksvollste, interessanteste oder spannendste Tour de France eigentlich zu messen? Für mich geht es dabei nicht nur um den Gesamtsieg oder die Tatsache, ob die Gesamtwertung erst in den letzten Tagen entschieden wurde, auch nicht darum, wie groß der Abstand zwischen dem Sieger, dem Zweiten und dem Dritten ist. Nein, für mich ist für diese Bewertung der gesamte Verlauf einer Tour de France von Bedeutung. Angefangen bei den Etappenstädten über die

Streckenverläufe (z. B. welche Berge sind wann in den drei Wochen zu bewältigen) bis zur Liste der Teilnehmer. Dann natürlich der sportliche Aspekt: die Fluchtgruppen, der Kampf um die Etappensiege und die Veränderungen in der Gesamt-, Berg- und Punktewertung. Nicht zu vergessen die Stürze und damit das mögliche Ausscheiden eines Fahrers – all das spielt für mich eine Rolle. Im Rückblick habe ich mich schließlich für die Tour de France 2011, also die 98. Austragung entschieden.

Als diese Rundfahrt im Oktober des Vorjahres im Palais des congrès de Paris mit dem Slogan »*Tous Fous du Tour*« (»Die Tour macht alle verrückt«) vorgestellt wurde, konnte Tour-Direktor Christian Prudhomme mit einigen Neuigkeiten aufwarten. Um das Rennen interessanter zu gestalten, sollten keine Zeitbonifikationen mehr vergeben werden, weder bei den Zwischensprints noch bei den Etappenankünften. Die Punkte-und die Bergwertung wurden ebenfalls modifiziert: Pro Etappe würde es nur noch einen Zwischensprint geben, dafür Punkte für die ersten 15 Fahrer. In den Jahren davor hatten jeweils drei Fahrer punkten können, und die Anzahl der Punkte war deutlich geringer. Die Tour-Organisation erhoffte sich dadurch unter anderem, dass die Anwärter auf das Grüne Trikot zweimal am Tag sprinten müssten und es deshalb mehr und größere Fluchtgruppen geben würde.

Um die Abstände in der Bergwertung geringer zu halten, wurde 2011 bei den vier Bergankünften die doppelte Anzahl an Punkten vergeben, insgesamt aber gingen weniger Bergpunkte an die Fahrer. »Die Tour soll wieder ein Drama werden«, hatte Prudhomme damals gesagt und lieferte zumindest auf dem Papier die Voraussetzungen dafür. Der 3.430 Kilometer lange Parcours verlief gegen den Uhrzeigersinn durch Frankreich. Er führte von der Vendeé mit einem Mannschaftszeitfahren am zweiten Tag weiter in die radsportbegeisterte Bretagne. Es folgte ein Abstecher in die Normandie, bevor die nie zu unterschätzenden Etappen in Zentralfrankreich die Fahrer in Richtung Pyrenäen brachten. Drei Etappen waren dort geplant, und über Montpellier und einen darauffolgenden, zweiten Ruhetag sollte es in der letzten Woche noch in die Alpen gehen. Sechs schwere Bergetappen mit insgesamt vier Bergankünften, ein Mannschafts- und ein Einzelzeitfahren, ein kleiner Abstecher nach Italien und am Ende ein Gesamtpreisgeld von 3,2 Millionen Euro sollten dafür sorgen, dass wirklich jeder verrückt würde.

Zum 100. Jubiläum der ersten Tour-Passage über den Col du Galibier wurde dieser sogar bei zwei Etappen in Folge berücksichtigt. Die erste wurde auf 2.645 Metern als eine der vier Bergankünfte präsentiert und stellte den höchsten Punkt der Tour 2011 dar. Damals auch neu: Erstmals gab es eine Liveübertragung auch in Thailand und Südkorea, und sechs der 21 Etappen wurden sogar komplett vom Start bis ins Ziel übertragen.

Die Jubiläumstour begann dann mit einer kleinen Kuriosität: Gestartet wurde die erste Etappe in La Barre-de-Monts, um von dort aus auf die Atlantikinsel Île de Noirmoutier zu gelangen und schließlich über die *Passage du Gois* – ein kleines 4,5 Kilometer langes Sträßchen, das durch den Atlantik führt und nur bei Ebbe befahren werden kann – das Ziel auf dem Festland am Mont des Alouettes zu erreichen. Die ersten Kilometer wurden dieses Mal neutralisiert gefahren, damit es auf dem glitschigen Belag der *Passage du Gois* nicht wie 1999 zu einem Massensturz kam.

Für den 28-jährigen Philippe Gilbert war diese Zielankunft wie gemacht. Der Puncheur im Trikot des Belgischen Meisters gewann den Sprint und war der erste Träger des Gelben Trikots. Ein wenig erstaunlich ist aus heutiger Sicht die Tatsache, dass Gilbert dort seine bisher einzige Tour-Etappe gewonnen hat und das gelbe Leadertrikot nur einen Tag verteidigen konnte. Mit seinen deutschen Teamkollegen Sebastian Lang, Marcel Sieberg und André Greipel verlor er tags darauf im Mannschaftszeitfahren zu viel Zeit und damit das Trikot an Thor Hushovd. Der Norweger hatte nicht nur ein starkes Team Garmin-Cervélo an seiner Seite, sondern verfügte mit seinen 33 Jahren und als Spezialist für die Klassiker über genügend Erfahrung, das Trikot über die anspruchsvollen Etappen in der Bretagne und der Normandie zu verteidigen. Am Ende waren es sieben Tage für den Straßenweltmeister im Gelben Trikot. Erst am neunten Tag, es ging nach Saint-Flour im Département Cantal, konnte ihm Thomas Voeckler als Etappenzweiter (hinter dem Spanier Luis León Sánchez und mit einem Vorsprung von fast vier Minuten auf das Feld) das Trikot abnehmen.

Der Zielort und diese Region in Zentralfrankreich wird vielen Radsportfans durch den damals von einem französischen TV-Auto verursachten Sturz von Juan Antonio Flecha – unserem heutigen *Eurosport*-Kollegen – und dem von Johnny Hoogerland im Gedächtnis geblieben sein. Die Bilder, als der Niederländer Hoogerland, der nach seinem Sturz in den Stacheldraht tiefe Schnittwunden am ganzen Körper hatte, dennoch die Fahrt ins Ziel fortsetzte, gingen um die Welt.

Auch in den Tagen zuvor gab es bereits Stürze, die für große Aufregung sorgten. So wurde Nicki Sørensen während der 5. Etappe zum Cap Fréhel von einem Begleitmotorrad während eines Überholvorgangs regelrecht umgefahren. Der Dänische Meister landete hart auf dem bretonischen Boden. Alberto Contador verlor schon am ersten Tag durch einen Sturz viel Zeit im Kampf um das Gelbe Trikot und war wie sein Teamkollege Sørensen an diesem Tag erneut Opfer eines Sturzes. Für das britische Team Sky mit Christian Knees war bis zum siebten Tag dieser Tour eigentlich alles nach Plan gelaufen. Über den ersten Tour-de-France-Etappensieg in der Teamhistorie jubelte man noch am Tag zuvor. Edvald Boasson Hagen hatte den Massensprint in Lisieux gewonnen, und Geraint Thomas als bester Nachwuchsfahrer das Weiße Trikot verteidigt. Teamkapitän und Topfavorit Bradley Wiggins lag mit nur zehn Sekunden Rückstand auf einem guten sechsten Platz in der Gesamtwertung, als ihn genau an diesem Tag ein Schlüsselbeinbruch zur Aufgabe zwang.

Die Hoffnungen der deutschen Fans ruhten bei den Massensprints vor allem auf André Greipel. Der gebürtige Rostocker gehörte zu den zwölf Deutschen im Feld der 198 Teilnehmer und hatte bereits beim Giro d'Italia und der Vuelta a España in den Jahren zuvor Etappen gewonnen.

Nun war der 28-Jährige nicht mehr »nur« Anfahrer von Marc Cavendish, sondern musste das ihm entgegengebrachte Vertrauen seines neuen Teams Omega Pharma-Lotto bestätigen. Den letzten deutschen Etappensieg hatte es 2009 im strömenden Regen von Colmar durch Heinrich Haussler gegeben. Also war es Zeit, die Bilanz aufzufrischen. Souverän konnte Greipel die in ihn gesetzten Erwartungen erfüllen. Auf der 10. Etappe – nach dem ersten Ruhetag in der Region Cantal –, die in Carmaux zu Ende ging, siegte er nach 160 Kilometern vor seinem Ex-Kollegen Cavendish. Der Sprintsieg gegen »Manxman« Cavendish war mehr als nur ein Befreiungsschlag. Bis zum Start dieser Tour-Austragung hatte Greipels früherer Teamkollege von der Isle of Man bereits 15-mal als Sieger auf dem Podium gestanden, es aber bisher nicht geschafft, die Punktewertung zu gewinnen. Thor Hushovd und Alessandro Petacchi konnten sich in den Vorjahren in Paris als Sieger in Grün feiern lassen. In diesem Jahr wollte sich der Brite unbedingt das Grüne Trikot am Ende der Rundfahrt überstreifen.

In der zweiten Tour-Woche in den Pyrenäen kamen die ersten Bergankünfte in Luz Ardiden und auf dem Plateau de Beille hinzu. Von den großen Pässen stand während der ersten Bergetappe nur der Col du Tourmalet im Programm. Der Col de Portet-d'Aspet mit etwas mehr als 1.000 Meter Höhe sollte zwei Tage später folgen. Im Skigebiet von Luz Ardiden warteten die Franzosen an diesem 14. Juli dann leider vergeblich auf den Sieg eines einheimischen Fahrers. Aber die Tatsache, dass der 32-jährige Thomas Voeckler an diesem Nationalfeiertag das Gelbe Trikot erneut verteidigen konnte, ließ die Grande Nation auf einen ersten französischen Tour-Sieger seit Bernard Hinault 1985 hoffen. Für Alberto Contador hingegen, der unter Knieproblemen litt, war es an diesem zwölften Tag unweit der spanischen Grenze erneut weniger gut gelaufen. Die Tour-Mitfavoriten Fränk und Andy Schleck sowie der 34-jährige Australier Cadel Evans hängten den Spanier kurz vor dem Ziel ab und vergrößerten ihren Vorsprung gegenüber Contador in der Gesamtwertung.

Andreas Klöden, der vor dem Start in Nordfrankreich zum erweiterten Kreis der Favoriten gehört hatte, war an diesem Tag wiederholt schwer gestürzt. Der Wahlschweizer zeigte am Col du Tourmalet danach zum ersten Mal Schwächen und musste kurz nach dem Start der 13. Etappe auf dem Weg nach Lourdes mit schmerzverzerrtem Gesicht die Tour beenden.

Die prestigeträchtigen Siege bei den ersten Bergankünften teilten der spanische Olympiasieger Samuel Sánchez und Jelle Vanendert aus Belgien unter sich auf. In Luz Ardiden gewann der Spanier Sánchez vor Greipels Teamkollegen Vanendert, und zwei Tage später siegte Vanendert am Plateau de Beille vor Sánchez und übernahm dadurch die Führung in der Bergwertung. Direktor Christian Prudhommes Vorhaben, die Tour einmal richtig aufzumischen, schien aufzugehen. Am letzten Tag in den Pyrenäen verteidigte Thomas Voeckler ohne großen Zeitverlust das Gelbe Trikot. Seine Landsleute waren nicht nur völlig aus dem Häuschen, sondern erlebten auch ein Déjà-vu: Voeckler hatte schon 2004 am Plateau de Beille das Gelbe Trikot verteidigt und seinen Landsleuten Hoffnungen auf das Podium in Paris gemacht.

Vor dem folgenden zweiten Ruhetag im Département Drôme hatten in Montpellier noch einmal die Sprinter das Sagen. Wie bereits am Cap Fréhel, in Chateauroux und in Lavaur gewann Marc Cavendish. Dieses Mal jedoch im Grünen Trikot des Punktbesten, das er wenige Tage zuvor von Philippe Gilbert übernommen hatte.

Thomas Voeckler genoss diesen Ruhetag erneut in Gelb, während Alberto Contador versprach, dass es in der letzten Woche eine Reihe von »Explosionen« geben werde. Seinen aktuellen Rückstand von vier Minuten und Rang sieben in der Gesamtwertung wollte der Vorjahressieger – die Siege im Jahr 2010 bei der Tour de France und 2011 beim Giro d'Italia sowie andere Resultate im Jahr 2011 wurden allerdings im Jahr 2012 vom Internationalen Sportgerichtshof CAS wegen Clenbuterol-Dopings aberkannt – nicht einfach hinnehmen.

Bereits einen Tag später wurde die Ansage des Spaniers auf dem Weg von Saint-Paul-Trois-Châteaux nach Gap umgesetzt. Die beiden Schleck-Brüder verloren überraschend an einem Berg der zweiten Kategorie, dem Col de Manse, ähnlich wie Thomas Voeckler den Anschluss an den angreifenden Alberto Contador. In diesem entscheidenden Augenblick konnte nur Cadel Evans an seinem Hinterrad bleiben. Im Finale griff der Australier Contador sogar noch an und knüpfte ihm bis ins Ziel ein paar Sekunden ab. Fränk Schleck und Thomas »der Gelbe« Voeckler kamen auf dieser verregneten Etappe mit einem blauen Auge davon und verloren gegenüber Evans und Contador gerade einmal 20 Sekunden. Andy Schleck hingegen büßte vor allem in der gefährlichen letzten Abfahrt mehr als eine Minute auf seine Gegner ein. Der Etappensieg in Gap ging nach 162 Kilometern wie schon im Wallfahrtsort Lourdes auf das Konto von Thor Hushovd aus Norwegen, der im Sprint aus einer Fluchtgruppe heraus seinen Landsmann Edvald Boasson Hagen schlug. Zwar hatten Evans und Contador an diesem 16. Tag nicht super viel Zeit erobert, aber sie zeigten sich kämpferisch und setzten Worte in Taten um.

Die nächsten drei Tage in den Alpen sollten die versprochene Sprengkraft beibehalten. Der kleine Abstecher ins italienische Pinerolo brachte zwar nicht viel Veränderung, aber Alberto Contador griff bei dieser ersten Alpenetappe mit dem Col de Montgenèvre und dem Anstieg nach Sestrières erneut die Schleck-Brüder an. Gemeinsam mit seinem Landsmann Samuel Sánchez fuhr er risikoreich in die letzte Abfahrt des Tages im Piemont hinein und wurde erst auf der Zielgeraden wieder gestellt. Der Einzige mit Zeitverlust war diesmal Thomas Voeckler im Gelben Trikot, denn genau in der von Andy Schleck als zu gefährlich kritisierten Abfahrt versteuerte sich der Führende in der Gesamtwertung und kam in einem kleinen Vorhof zu stehen. Voeckler verteidigte zwar erneut das Trikot, dieser Fahrfehler kostete ihn aber 27 Sekunden.

100 Jahre war es her, dass der Col du Galibier zum ersten Mal im Rahmen einer Tour de France befahren wurde. Dieses Jubiläum sollte im

Rahmen der 18. Etappe zwischen Pinerolo und dem Col du Galibier gefeiert werden. Mit den Passagen des Col Agnelund des Col d'Izoard bot sich den Schleck-Brüdern die vorletzte Chance, in ihrem Spezialterrain, den Bergen, Zeit gutzumachen und Gelb zu übernehmen. Wie vor Jahresfrist am Col du Tourmalet – auch dort wurde die erste Überquerung vor 100 Jahren gefeiert – holte sich Andy Schleck durch einen frühen Angriff als Solist den Etappensieg. Sein älterer Bruder Fränk kam als Zweiter ins Ziel, gefolgt von Cadel Evans, Ivan Basso und Thomas Voeckler. Einzig Contador verlor den Anschluss an die Besten und dadurch sogar eine Position in der Gesamtwertung. Thomas Voeckler konnte seine Gesamtführung im höchsten Etappenziel in der Geschichte der Tour erneut verteidigen. Sein Vorsprung war aber inzwischen auf 15 Sekunden geschrumpft. Andy Schleck lag in Schlagdistanz, um Gelb kurz vor dem Ziel in Paris zu übernehmen.

Am drittletzten Tag ging es auf »nur« 109 Kilometern erneut über den Col du Galibier, allerdings von Mondane aus, und vorher über den Col du Télégraphe, dann weiter in Richtung Ziel nach Alpe d'Huez zur vierten und letzten Bergankunft. Später sagte Thomas Voeckler im *L'Équipe*-Interview: »Mit klarem Kopf würde ich sagen, dass ich den zweiten Platz am Col du Galibier verloren habe. Ich hätte nicht versuchen sollen, Alberto Contador und Andy Schleck unter allen Umständen zu folgen.« Was war geschehen? Im ersten Anstieg des Tages hinauf zum Col du Télégraphe war Voeckler dem Angriff von Contador und dem ihm nachsetzenden Andy Schleck nach kurzem Zögern gefolgt, schaffte es im Gegensatz zum Luxemburger aber nicht aufzuschließen und wurde wieder eingeholt. Dieser Aktion musste der Europcar-Leader im Schlussanstieg nach Alpe d'Huez Tribut zollen und verlor als 19. über zwei Minuten auf die Schleck-Brüder und Cadel Evans. Auch die Tatsache, dass sein Teamkollege Pierre Rolland als zweiter Franzose und 25 Jahre nach Bernard Hinault in diesem Wintersportort gewinnen konnte, tröstete ihn nicht über den Verlust des Gelben Trikots hinweg.

Vor dem abschließenden Zeitfahren in Grenoble übernahm Andy, gefolgt von seinem Bruder Fränk Schleck und Cadel Evans, die Gesamtwertung. Auf Platz vier folgte mit einem Abstand von etwas mehr als zwei Minuten nach zehn Tagen in Gelb – wie im Jahr 2004 – Thomas Voeckler. Zeitfahrspezialist Tony Martin siegte im einzigen Einzelzeitfahren dieser Tour mit nur sieben Sekunden Vorsprung auf den Chef der amerikanischen BMC-Mannschaft Cadel Evans. Der wiederum hielt sich mit deutlichem Vorsprung die beiden Schleck-Brüder vom Hals und verbesserte sich von Rang drei auf eins. Einen Tag vor dem Ende in Paris trägt somit Evans Gelb, mit einem Vorsprung von 1:34 Minuten auf Andy Schleck, dessen Bruder 2:30 Minuten Rückstand aufweist.

Der Australier ist bei der Siegerehrung mit seinen 34 Jahren und 160 Tagen der älteste Gewinner nach dem Zweiten Weltkrieg und der erste Fahrer aus Down Under, der die Tour de France gewinnt.

Ebenfalls erstmalig in der fast 100-jährigen Geschichte des größten Radrennens der Welt stehen Brüder gemeinsam auf dem Podium. Marc Cavendish gewinnt wie im Vorjahr fünf Etappen und erstmals die Punktewertung. Die Franzosen aber müssen von nun an acht lange Jahre warten, um erneut einen Landsmann – Julian Alaphilippe – im Gelben Trikot zu sehen. Und bis heute warten sie noch immer auf einen Nachfolger von Bernard Hinault, der Gelb für Frankreich ins Ziel trägt.

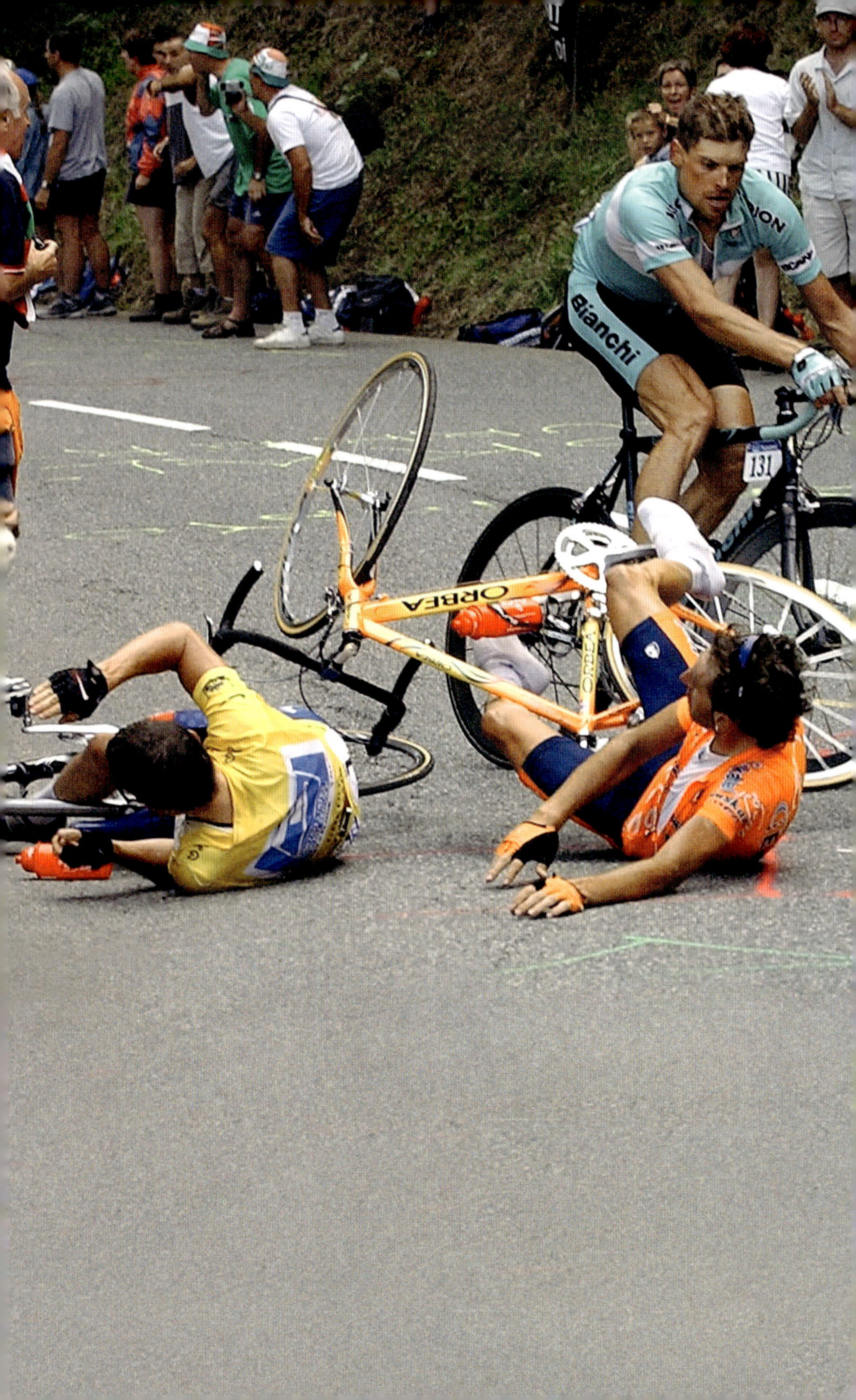
Bianchi
131
ORBEA

Ein Moment für die Geschichtsbücher:
Armstrong stürzt 2003, Ullrich nutzt die Chance nicht. Aus Fairness, wie er sagt. Weil er nicht konnte, erklärt der Ami.

JÜRGEN LÖHLE: ZWEIMAL GROSSE SCHLEIFE ATEMLOS – 1998 UND 2003

Jede Tour hat ihren eigenen Spannungsbogen. 21 Gähn-Etappen mit 200 langweiligen Typen kommen nicht vor. Aber natürlich hat jeder, der dieses Rennen über eine gewisse Zeit begleitet, seine persönliche Rangliste der Austragungen, an die er sich besonders gut erinnert. Manchmal so gut, als wäre es gestern gewesen. Als deutscher Journalist kommt man selbstverständlich nicht darum herum, 1997 auf diese Liste zu setzen, also das Jahr, in dem Jan Ullrich erster Gesamtsieger aus Deutschland wurde. Die ganze Nation jubelte dem Radsport zu, wie sie es sonst höchstens beim Fußball tut. Das war ohne Zweifel außergewöhnlich, es war neu, und es war auch spannend – aber »Ulle« erreichte Paris mit mehr als neun Minuten Vorsprung vor Richard Virenque und fast einer Viertelstunde vor Marco Pantani. Das war der größte Abstand, seit 1984 Bernard Hinault dem jungen Laurent Fignon mehr als zehn Minuten eingeschenkt hatte. Und bis heute blieben die Abstände zwischen dem Sieger und dem Zweiten kleiner als damals bei Ullrich. Eigentlich war nach der zehnten Etappe in Andorra schon sicher, dass den jungen Deutschen nur noch ein Sturz am Sieg hindern konnte. Klar, das Aufbäumen von Virenque bei der 18. Etappe in den Vogesen sorgte kurz noch einmal für Aufregung. Aber eben nur kurz.

Deutlich spannender für mich war die Austragung im Jahr darauf, und das nur am Rand aus sportlicher Sicht. Die Tour 1998 wurde zu einer emotionalen Gratwanderung. Während dieser drei Wochen drohte der professionelle Radsport mehr als einmal komplett in der Tonne zu versinken. Am Ende kamen noch 96 Fahrer in Paris an. Ganze Teams hatten panikartig das Rennen verlassen, nachdem etliche Fahrer und Team-Offizielle aus ihren Hotels heraus verhaftet worden waren. Ich kam mir manchmal vor wie ein Polizeireporter.

Dabei hatte alles so friedlich begonnen. Und entspannt. Die Tour 1998 startete in der irischen Hauptstadt Dublin. Es kommt nicht so oft vor, dass man per Schiff oder Flugzeug zum *Grand Depart* der Tour reist. Für mich war es der erste Kontakt mit der Grünen Insel, und der begann mit einem überaus netten und witzigen Taxifahrer, der mir anbot, mich zum Festpreis nach »luvli Dublin« zu fahren, das wäre günstiger. Da freut man sich natürlich, und wir haben uns prima unterhalten. Als ich dann nach fünf Tagen wieder zurück zum Flughafen fuhr, stand auf dem Taxameter seines Kollegen allerdings deutlich weniger, als mir das gut gelaunte Schlitzohr bei der Anreise abgenommen hatte. Aber das sollte der geringste Schaden dieser Tour werden.

Eigentlich wollte ich zum Start ein paar schöne Geschichten über die Iren und den Radsport schreiben, ein wenig Pub-Romantik atmen und versuchen, ein Interview mit dem in Dublin geborenen Stephen Roche, dem Triple-Sieger von 1987 (Tour, Giro, Straßen-WM), zu bekommen. Aber kaum im Hotel, kam ein Anruf aus der Redaktion: »Sagt dir der Name Willy Voet etwas?« Tat er nicht, aber ich sollte ihn von nun an nicht wieder vergessen. Willy Voet war Betreuer und Masseur bei Festina, der damals besten Profi-Equipe der Welt, die mit ihrem Kapitän Richard Virenque in diesem Jahr endlich die Tour gewinnen wollte. Aber am 8. Juli 1998, drei Tage vor dem Start, wurde der *Soigneur* Voet frühmorgens an der belgisch-französischen Grenze aus einem

Mannschaftswagen von Festina heraus verhaftet. Im Auto der hochdekorierten Rad-Equipe befanden sich mehr als 400 Ampullen mit EPO, dazu Wachstumshormone, Amphetamine, Testosteron und Kortikoide. Kurzum – alles, was man so zum Dopen braucht.

Die Nachricht war eine Bombe. Statt mich auf Land und Leute, Titelverteidiger Ullrich oder Stephen Roche zu konzentrieren, schrieb ich mir die Finger wund über Festina und Doping. Nachrichten, Kommentare, Hintergründe und noch ein Faktentext, was denn EPO überhaupt sei und wie es wirke. Wobei die Faktenlage in Dublin noch sehr dünn war. Festina-Teamchef Bruno Roussel verstieg sich zuerst komplett in aberwitzige Aussagen, behauptete, Voet gar nicht zu kennen und hier in Dublin auch keinen Masseur oder ein Teamfahrzeug zu vermissen. Aber das brach ein paar Tage später schneller zusammen als ein angebrochener Carbonrahmen unter einem 90-Kilo-Fahrer.

Was für ein Kontrast: Frankreich schlug im Fußball am Abend dieses 8. Juli im WM-Halbfinale Kroatien, das ganze Land fieberte dem Finale der Heim-WM gegen Brasilien entgegen, und in Dublin tat sich für den französischen Radsport der Vorhof zur Hölle auf. Später dann sogar für den Radsport allgemein, was man in Dublin aber noch nicht einmal ahnen konnte. Am 14. Juli, Frankreich war mittlerweile Fußball-Weltmeister und die Tour auf dem Festland angekommen, gab Voet bei seiner Vernehmung zu, auf Anweisung von Festina-Offiziellen gehandelt zu haben. Tags darauf wurden Roussel und Mannschaftsarzt Eric Rijkaert verhaftet sowie das Mannschaftshotel von Festina durchsucht. Zwei Tage später endeten Virenques Tour-Sieg-Träume im Hinterzimmer des Bistros *Chez Gillou* in Gare de Corrèze. Seine Mannschaft war nach der siebten Etappe von der Tour ausgeschlossen worden. »*Chouchou*« jammerte vor uns Journalisten in die Kameras und Mikros, dass das alles eine himmelschreiende Ungerechtigkeit sei, obwohl Roussel tags zuvor gestanden hatte, seine Fahrer mit EPO versorgt zu haben. Seine Begründung: Lieber gebe ich ihnen den Stoff kontrolliert, als dass sie selbst ihre Gesundheit riskieren. »Nach Roussels Geständnis liegt die Tour de France im Koma« war damals meine Überschrift, und da stand der Skandal noch immer erst am Anfang. Nebenbei fuhr am nächsten Tag Jan Ullrich beim Zeitfahren ins Gelbe Trikot, das auch schon Erik Zabel ein paar Tage vorher getragen hatte – all das verkam zur Randnotiz.

Ein paar Tage später wurden die Festina-Profis verhaftet. Welche Bilder! Der Schweizer Alex Zülle saß kurzzeitig in Haft, auf einem Foto kauert er in einer Zelle, ohne Schnürsenkel in den Schuhen, wie ein Schwerverbrecher. Am Ende gestanden Zülle und die meisten anderen Festina-Profis ihr EPO-Doping und kamen mit Sperren von nur ein paar Monaten davon. Virenque machte dagegen erst im Jahr 2000 reinen Tisch und wurde für sieben Monate gesperrt. 1998 hatte er noch unter Tränen seine Unschuld beteuert.

Der Dopingskandal legt nach dem Festina-Ausschluss weiter an Fahrt zu. Immer wenn ich eine Geschichte verschicke, ist schon die nächste da, und immer dabei: die Polizei. Am Tag nach dem Verhör der Festina-Fahrer in Lyon kommt es zu einem Streik der Profis. Die zwölfte Etappe beginnt deshalb mit zweistündiger Verspätung. Ein Untersuchungsrichter in Reims gibt bekannt, dass am Ruhetag im Hotel von TVM »Doping- und Maskierungsmittel« gefunden wurden. TVM-Sportdirektor Cees Priem und der Arzt Andrej Michailow seien verhaftet worden. Und die Welle reißt nicht ab, im Gegenteil: Drei Tage nach dem Streik werden Spritzen im Mülleimer eines Hotels entdeckt, in dem die Mannschaften GAN, Saeco, Casino und Kelme übernachtet hatten.

Während der 17. Etappe kommt es im Fahrerlager erneut zu einem Streik. Bei Kilometer 32,5 steigen alle im Rennen verbliebenen Fahrer vom Rad. Nach 20-minütigem Sitzstreik geht es aber im Schritttempo weiter. Lange hatte es so ausgesehen, als würde die Tour hier und heute enden, weil sich die Fahrer die aus ihrer Sicht ungerechte Behandlung der Behörden mit nächtlichen Dopingrazzien und Festnahmen nicht mehr bieten lassen wollten. Marco Pantani, der spätere Sieger, reißt sich sogar schon seine Startnummer halb vom Trikot. Es geht schließlich doch weiter, den Tagessieg überlässt das Feld demonstrativ dem TVM-Team. Die Etappe wird jedoch nicht gewertet. Die Teams von ONCE, Banesto und Riso Scotti steigen aus der Tour aus. Die Polizei durchsucht derweil andere Hotels, und am Abend wird der Casino-Profi Rodolfo Massi, der Träger des Bergtrikots, verhaftet. Bei dem Italiener waren Cortison-Präparate und Wachstumshormone gefunden worden, mit denen er auch noch gehandelt haben soll. Und kaum ist diese Geschichte geschrieben, ziehen sich die Teams TVM, Kelme und Vitalicio aus der Tour zurück. »*Le Tour est fini*«, könnte man denken. Ist sie aber nicht.

Zwischen Dublin und Paris wurde aber nicht nur die widerliche Fratze des Dopings sichtbar. Daneben kam es auch an zwei Tagen in den Alpen zu einem Zweikampf zwischen Marco Pantani und Jan Ullrich, der zum Spannendsten gehört, was ich bei der Tour jemals gesehen habe. Natürlich muss man heute davon ausgehen, dass beide damals ebenfalls mit EPO präpariert waren. Ihr Ringen miteinander war aber trotzdem großer Sport.

Weil ich gerade nicht arbeiten musste, war ich bei der 15. Etappe von Grenoble nach Les Deux Alpes selbst mit dem Rennrad unterwegs. Zusammen mit Karl Link, dem Olympiasieger von 1964, kämpfte ich mich im Sattel Richtung Galibier. Es war kalt, und über 2.000 Metern begann es auch noch zu graupeln. Keine Chance für uns zwei Naivlinge, im kurzen Dress bei 3 °C auf 2.600 Meter Höhe auf das Rennen zu warten. Die Fahrer sollten erst in drei Stunden kommen. Also zurück ins Tal – aber nach zwei Kilometern hörte ich jemanden meinen Namen rufen. Es waren Bekannte aus der Heimat, unter anderem der Vater von Sven Krauß, der ein paar Jahre später zweimal die Tour fahren sollte. Sie hatten, dem Himmel sei Dank, beheizte Autos und ein großes Zelt an der Strecke und gewährten uns Asyl. Zufällig standen wir genau an der Stelle, an der Marco Pantani ein paar Stunden später seine Attacke gegen Jan Ullrich startete, der da noch im Gelben Trikot fuhr. Ein unvergessliches Bild. Der Mann in Gelb auf der allerletzten Rille, das Gesicht unnatürlich aufgedunsen, komplett im Eimer. Und nach der Abfahrt vom Galibier ging es noch einmal hinauf nach Les Deux Alpes. Bjarne Riis und Udo Bölts schleppten den entkräfteten Ullrich irgendwie ins Ziel, fast neun Minuten hinter Pantani, der von da an das Gelbe Trikot trug. Ullrich hatte jetzt knapp sechs Minuten Rückstand auf den Italiener und war nur noch Vierter. Die Skandaltour war damit entschieden – glaubten alle.

Aber dann kam der Tag danach. Ich weiß nicht, wie Ullrich diese Nacht verbracht hat, aber er war wieder da, als hätte es die Schwäche des Vortags nie gegeben. Ullrich attackierte früh, nur Pantani konnte mithalten, es ging rauf und runter in den Alpen, und am Ende gewann der Deutsche schließlich den Sprint der beiden in Albertville und setzte damit ein eindrucksvolles Zeichen. Möglicherweise mit viel Pharmazie, aber damals war Doping noch für viele, auch für mich, das Doping der anderen. Wobei sich bei mir genau an diesem Tag erste Zweifel breitmachten. Aktuell zählte aber, dass Ullrich zwar weit zurücklag, aber wieder im Geschäft war. Der Rest der Tour war dann Chaos, Fast-Abbruch und das Warten auf das Zeitfahren am vorletzten Tag zwischen Montceau-les-Mines und Le Creusot über lange 52 Kilometer. Würde das noch reichen, um knapp sechs Minuten herauszufahren? Ullrich gewann zwar das Zeitfahren, Pantani aber die Tour. Und am Ende waren dann alle froh, dass dieses Rennen zu Ende war. Viele wollten nach der letzten Etappe nur noch weg, gefeiert hat kaum einer. So ging es fast unter, dass Erik Zabel zum dritten Mal nacheinander das Grüne Trikot des besten Sprinters gewonnen hatte, was vor ihm noch keinem gelungen war. Und das Ganze übrigens ohne einen einzigen Etappensieg.

Ich bin damals vor Paris in Richtung Heimat abgebogen und hatte die große Hoffnung, so etwas Chaotisch-Dramatisches wie diese Tour nie wieder erleben zu müssen. Doch es sollte 2006 noch schlimmer kommen. Davor aber lag das Jahr 2003 und aus meiner Sicht sportlich eine der faszinierendsten Tour-Austragungen überhaupt. Und wieder ging es dabei um Jan Ullrich, der eigentlich als kompletter Loser mit einem eilig zusammengebastelten Verlegenheits-Team zum Start der 100-Jahre-Jubiläumstour nach Paris reiste. Hinter ihm lagen furchtbare Zeiten: eine Autofahrt unter Alkohol im Frühjahr 2002, ein Ecstasy-Skandal mit Sportsperre, zwei Knieoperationen. Ulle musste Ende 2002 das Team Telekom verlassen und schloss sich mit seinem Trainer und Mentor Rudy Pevenage dem Team Coast des Modeunternehmers Günther Dahms an.

Der bezeichnete sich selbst als »bekloppten Radsportfan«; seine Mannschaft wurde im März 2003 von der UCI zweimal gesperrt, weil Dahms keine Gehälter mehr zahlen konnte. Pevenage überredete schließlich die Firma Bianchi, den Radausstatter des Teams, die Mannschaft zu übernehmen. Die Italiener waren aber nur ein Helfer in der Not und der Schlüssel zur Tour. Viel mehr als schicke Trikots und Fahrräder gab es nicht, und so ging Ullrich mit einer spanisch-deutschen Mannschaft an den Start, in der zwar mit Ángel Casero der Vuelta-Sieger von 2001 fuhr, aber eben auch Sportler wie Thomas Liese oder Daniel Becke – sehr erfolgreiche Bahnfahrer, von denen aber Liese keinerlei Grand-Tour-Erfahrung hatte und Becke noch ganz am Anfang seiner Straßenkarriere stand. Und mit diesem Team wollte Ullrich, der seit 18 Monaten kein nennenswertes Ergebnis mehr erzielt hatte, gegen Lance Armstrongs Überfliegertruppe US Postal bestehen? Gegen ein Team mit neun Weltklasseleuten? Ullrich zuckte damals auf einer Pressekonferenz in Paris in einer Art Beckenbauer-Manier mit den Schultern und sagte: »Mal sehen, was geht«.

Und dann ging – fast – alles. Der Prolog fand mitten in Paris statt, 6,5 Kilometer Strecke in Sichtweite des Eiffelturms, enge Kurven und die Schienen der Metro. Ullrich zeigte frühe Topform, war schneller als Armstrong. Ein Wink, mehr nicht. Aber ein Signal: Schaut her, ich bin wieder da. Armstrong konterte mit seinem Superteam beim Mannschaftszeitfahren von Joinville nach St.-Dizier und nahm Ullrichs Bianchi-Truppe 43 Sekunden ab – nach knapp 70 Kilometern nicht die Welt, aber natürlich ein Konter. Die Jubiläumstour war eng an die Streckenführung der Gründerjahre bis zum Ersten Weltkrieg angelegt, hatte also große Städte im Programm und natürlich alle Monumente in den Alpen und Pyrenäen. Armstrong zeigte gleich zum Auftakt der schweren Etappen im Hochgebirge, dass er der Patron war und bleiben wollte. Anstieg nach Alpe d'Huez: US Postal zieht dermaßen am Horn, dass schon nach wenigen Metern das Feld auseinanderfällt. Richard Virenque im Gelben Trikot kann keinen Meter mitfahren, auch Ullrich muss schnell reißen lassen. Armstrong wird schließlich Dritter und übernimmt die Gesamtführung. Ullrich verliert gut anderthalb Minuten, aber nicht den Mut.

Am nächsten Tag zeigt der Mann in Gelb echtes Fahrkönnen: Auf der Abfahrt von der Côte de la Rochette muss Armstrong dem vor ihm stürzenden Joseba Beloki ausweichen, kommt von der Straße ab und rast zwischen zwei Serpentinen einen steilen Wiesenhang hinunter – ohne zu stürzen.

Vor der ersten Pyrenäenetappe gewinnt Ullrich das Zeitfahren deutlich, Armstrong kämpft mit Schwindel und räumt hinterher ein, kurz vor der Aufgabe gewesen zu sein. Am nächsten Tag lässt Ullrich den Amerikaner dann beim Anstieg nach Ax-3 Domaines stehen, Armstrong ist weiß um die Lippen, wirkt gläsern und verwundbar. Und dann macht Rudy Pevenage einen Fehler. Ullrichs Sportchef fordert seinen Schützling auf, noch ein paar Körner für den nächsten Tag zu sparen. Das war falsch, denn am Ende des Tages ist Ullrich bis auf 15 Sekunden an Armstrong dran. Die hätte er vermutlich noch herausfahren können – und dann wäre es wohl extrem schwer geworden für Armstrong.

Der ist tags darauf wieder fit und hängt beim Anstieg nach Luz Ardiden alles ab, auch Ullrich, der nach einem Sturz Armstrongs erst einmal vorne liegt. Die Frage, ob Ullrich wirklich langsamer fuhr, als Armstrong wegen eines Stoffbeutels im Lenker aus dem Sattel musste, ist bis heute offen. Ullrich sagt ja, und die Fernsehbilder legen es nahe, der Texaner sagt nein. Fakt ist, dass Armstrong danach alle stehen lässt und schließlich mit einem Vorsprung von einer guten Minute in das knapp 50 Kilometer lange Zeitfahren von Pornic nach Nantes geht. Der fünfte Tour-Sieg ist zwar noch nicht durch für Armstrong, aber ein kräftiger

Rückenwind und Regen sprechen gegen Ullrich. Der holt zwischenzeitlich zwar noch einmal sieben Sekunden auf, stürzt dann aber auf nasser Fahrbahn in einem Kreisverkehr. Das war es. Lance Armstrong gewinnt mit 1:01 Minuten vor Ullrich, der nie wieder so nah an seinen Kontrahenten herankommen sollte wie bei dieser Tour 2003.

Das war Spannung pur bis zum Ende, und eine Erkenntnis über Jan Ullrich. Dem dürfte bei dieser Tour klar geworden sein, dass er die Jahre zuvor leichtsinnig mit seinem Talent umgegangen war. 2003 fuhr er nicht nur gegen Armstrong, sondern auch um seine Zukunft. Bei Bianchi würde es nicht weitergehen – das war hinter den Kulissen bereits vor der Tour klar. Ullrich musste ins Schaufenster, und das hat dann ja auch geklappt. Das Team Telekom änderte am Ende des Jahres 2003 seinen Namen in Team T-Mobile und nahm den gefallenen Sohn mit offenen Armen wieder auf. Allerdings ohne das große Happy End. 2004 kam Jan Ullrich als Vierter nach Paris, bei seiner letzten Tour im Jahr darauf als Dritter; dieser Rang wurde ihm aber später wegen Dopings aberkannt. Die Spannung von 2003 kam jedenfalls nicht wieder, und 2006 endete Ullrichs Karriere dann im Strudel der Fuentes-Affäre.

GIFT FÜR FAHRER UND SPORT: DOPING

EPO UND ANDERE „HELFENDE“ SUBSTANZEN

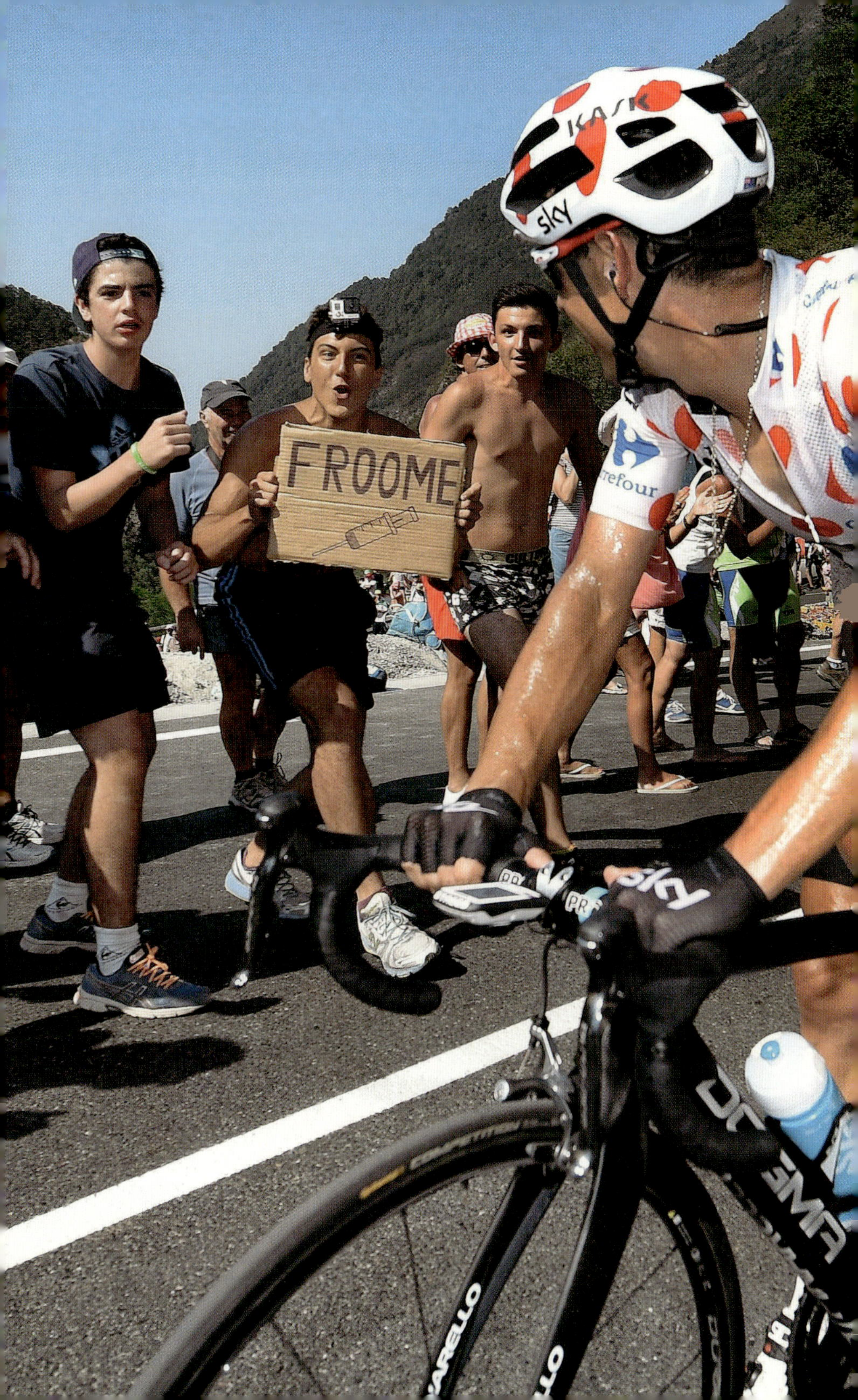
FROOME
KASK
sky

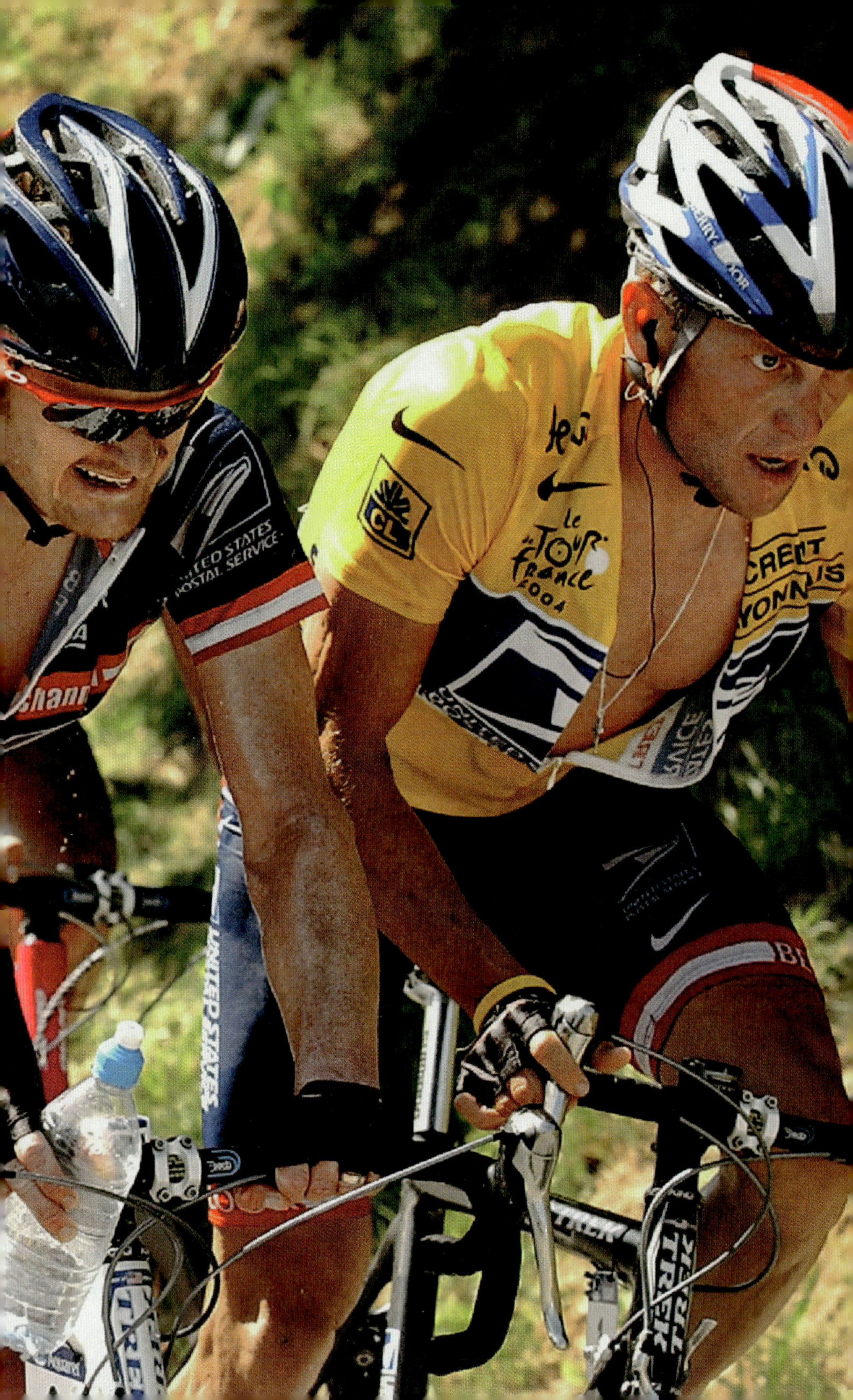
le TOUR de france
2004

Lance Armstrong und Floyd Landis verloren später ihre Siege wegen Dopings.
Spätestens seit der Ära Armstrong fährt zumindest bei außergewöhnlichen Leistungen der Verdacht mit.

JÜRGEN LÖHLE: STRYCHNIN ZUM FRÜHSTÜCK

Eine der häufigsten Aussagen über die Tour, die ich seit meiner ersten Grande Boucle immer wieder gehört habe, ist folgende: »Man kann die Tour ohne Doping nicht durchfahren.« Das ist schlicht falsch, das geht sehr wohl. Anders wird das allerdings, wenn man die Aussage leicht verändert: »Man kann die Tour ohne Doping nicht gewinnen.« Dafür sprach in der Tat in vielen Jahren vieles. Lance Armstrong, Floyd Landis und Alberto Contador wurden ihre Siege aberkannt. Bjarne Riis räumte ein, das »getan zu haben, was alle tun«, hat seinen Titel aber behalten. Auch bei anderen Gewinnern der letzten 30 Jahre, einschließlich Jan Ullrich, fuhr höchstwahrscheinlich nicht nur der Zweifel mit, weil Leistungen präsentiert wurden, die nach Meinung vieler Experten ohne Doping kaum erklärbar sind.

Fragen aber bleiben: Man geht ja heute davon aus, dass wirkliche Leistungseffekte nur durch eine geschickte Kombination von EPO und Stoffwechselbeschleunigern erzielt werden können. Beim modernen Doping geht es vor allem darum, die Muskulatur besser mit

Sauerstoff zu versorgen und dadurch einen Zacken zuzulegen. Unter anderem diese Art Doping ließ dann einen Marco Pantani und einen Lance Armstrong unter 40 Minuten die knapp 14 Kilometer nach Alpe d'Huez hochrasen.

Andererseits wurde schon in den 70er-Jahren kaum langsamer gefahren. Auch Eddy Merckx war zum Beispiel in 43 Minuten oben – am Ende einer langen Etappe. Damals gab es kein EPO, und die Rennmaschinen waren gut drei Kilogramm schwerer als heute, was zusätzliche 15 Watt für die gleiche Geschwindigkeit bedeutet. Bei jedem Tritt, wohlgemerkt. Doping in den 70er-Jahren bestand aber hauptsächlich aus Aufputschmitteln, die den Fahrern die Qual erträglicher machten, sie aber nicht wirklich anschoben. Gedopt wurde damals auch gern mit männlichem Sexualhormon, das die Muskeln in ihrer Masse anschwellen ließ. Aber diese Muskeln musste man auch immer mitschleppen, was aus heutiger Sicht kontraproduktiv ist, zumindest für Profis, die auf das Gesamtklassement fahren. Die sind in der Regel dünn wie ein Hering und können trotzdem in den finalen Anstiegen konstant sechs Watt pro Kilogramm Körpergewicht aufs Pedal drücken.

Man sollte ruhig kritisch auf das Geschehen schauen, aber nicht jede Leistung sofort als unsauber einordnen, nur weil man sie nicht nachvollziehen kann. Das passiert besonders Menschen, die selbst ein wenig Rennrad fahren. Denen sei aber gesagt: Profis haben meist schon Ende Januar die Jahresleistung eines Hobbyradlers in den Beinen, fahren bis zu 40.000 Kilometer im Jahr und leben das Leben eines Leistungssportlers. Dabei kommt leistungsmäßig schon etwas heraus.

Für mich gibt es in der Beobachtung der Rennen ein paar Kriterien, die mich regelmäßig stutzig werden lassen. Wenn zum Beispiel ein Profi wie früher Lance Armstrong auch nach der härtesten Schinderei aussieht, als käme er von einer leichten Trainingseinheit, dann werde ich misstrauisch. Das gilt auch für 21 Tage ohne jede Schwächephase – mir scheint das fast unmöglich, bei der Tour immer und zu jeder Zeit Chef im Ring zu sein. Leider hat Tadej Pogačar zumindest bei seinem zweiten Erfolg 2021 bis auf eine einzige, kurze Ausnahme bei der zweiten Passage des Mont Ventoux genau das gezeigt. Der junge Slowene konnte jede Attacke kontern und fuhr danach oft noch davon, und das Ganze mit einer Leichtigkeit, die einen schon ein wenig schaudern ließ. Die Jahre davor hatte Chris Froome zwar bei seinen vier Siegen das Feld ähnlich souverän beherrscht, aber das mit einer deutlich stärkeren Mannschaft als Pogačar, und bisweilen auch sichtlich am Limit seiner Möglichkeiten.

Natürlich gelten alle Leistungen sportrechtlich als legal, solange kein positiver Test vorliegt. Nach Meinung aller Experten muss man aber schon relativ doof sein und ein unprofessionelles Umfeld haben, um sich während der Tour erwischen zu lassen. Modernes Doping, also das Füttern des Blutes mit Sauerstoffträgern oder zusätzlichem Eigenblut, findet heute im Vorfeld statt. Es war in jüngster Zeit wegen Corona auch relativ risikoarm, da es so gut wie keine Trainingskontrollen gab, auch weil die Tester nicht reisen durften oder wollten. Im Rennen selbst wird dann höchstens noch mit Minidosen oder mit ein wenig Eigenblut gearbeitet, was bei den Tests nur auffällt, wenn man es übertreibt.

Das Steigern der Leistung neben dem reinen Training durch andere legale, aber auch illegale Dinge gehört leider zur DNA im gesamten Spitzensport und natürlich auch zum Radfahren. Nur nebenbei: Bei der Tour de France wird erst seit 1966 überhaupt kontrolliert. Davor war Doping sozusagen geduldet. Man redete nicht viel darüber und tat es einfach. Noch früher tauschten sich Fahrer sogar öffentlich über ihre Praktiken aus. Und zu Beginn des 20. Jahrhunderts war noch schlichtweg alles erlaubt. Mit welchen Präparaten die Profis ihre oft über 400 Kilometer langen Etappen auf Rädern ohne Schaltung und Freilauf bewältigten, war deren Sache. Es war nichts verboten, weshalb die Profis den Einsatz von Pharmazeutika und Drogen völlig freimütig zugaben. Allgemein herrschte der Glaube, ohne helfende Substanzen ginge es schlicht nicht.

In den frühen Tagen der Tour kursierte unter den Rennfahrern eine Liste mit allerlei Substanzen, die angeblich hilfreich sein sollten. Darauf standen harmlose und alltägliche Dinge wie Kaffee oder Tee, aber auch Alkohol und Nikotin. Besonders beim Alkohol hoffte man auf die kurzzeitige Stimulation, die es ja auch gibt. Da der Effekt aber schnell nachlässt, haben die Tour-Pioniere gerne und rasch nachgeladen, was dann natürlich oft schiefging. Aber beim Alkohol war noch lange nicht Schluss. Geschluckt und gespritzt wurden auch Kokain, ein wenig Strychnin zum Frühstück, Morphium, Opium, Digitalis, Nitroglyzerin und auch Äther. Ja, richtig: Äther – wie ein Narkosemittel schnelle Beine machen soll, ist schwer vorstellbar. Den Organisatoren der Tour war das, was man heute Manipulation nennt, völlig egal. Tour-Gründer Henri Desgrange machte sich eigentlich nur um eines wirklich Sorgen: ums Geld. Und so kam es, dass Desgrange 1930 in die Verträge mit den Fahrern den Passus aufnehmen ließ, dass die Tour nicht für die Kosten »stimulierender Mittel und Dopingsubstanzen« aufkäme und dass somit die Fahrer ihre Drogen selbst zu bezahlen hätten.

Das tun sie wohl auch heute noch – oder ihre Teams. Manchmal geht dann tatsächlich ein Sünder ins Netz und erzählt Geschichten, dass man eigentlich nur noch schmunzeln könnte, wenn es nicht so traurig wäre. Eine sehr hübsche Story präsentierte zum Beispiel Floyd Landis 2006. Der Amerikaner hatte die Tour gewonnen und das mit einem Paukenschlag in den Alpen eingeleitet. Dort war er zunächst bei der Ankunft in La Toussuire böse abgehängt worden. Am nächsten Tag fuhr er dann wie von einem ganz anderen Stern Richtung Morzine, raste allein vorneweg und vergrößerte auch in der Ebene den Abstand zu einer neun Mann starken Verfolgergruppe – eigentlich ein Ding der Unmöglichkeit. Kurzum, der Mann war voll. Er wurde dann auch des Testosteron-Dopings überführt, sein Tour-Sieg aberkannt. Zunächst sagte er dazu, er habe wegen eines Hüftleidens ganz legal Cortison nehmen dürfen, was den hohen Testosteronwert erklären würde. Als ihm das um die Ohren flog, erklärte er, dass er am Abend vor der Etappe vier Whiskey und zwei Bier gegen den Frust getrunken hätte, was angeblich das Ergebnis erklären würde. Na dann. Dass Alkohol so wirkt, ist purer Unsinn. Gewagt war auch die Ausrede von Alberto Contador. Der spanische Radprofi wurde 2010 positiv auf das Kälbermastmittel Clenbuterol getestet. Das hätte er natürlich nicht als Pille geschluckt oder gespritzt, und schon gar nicht mit Absicht. Das Mittel sei in einem kontaminierten Stück Fleisch gewesen, behauptete Contador. Allein den Gremien fehlte der Glaube, so viel Fleisch könne man überhaupt nicht essen. Contador wurde für zwei Jahre gesperrt, sein Tour-Sieg 2010 gestrichen.

Doping wird wohl auch in Zukunft aus dem Spitzensport nicht verschwinden. Es droht sogar die nächste Generation von Mitteln, die in die Genetik der Sportler eingreifen und nur bestimmte und gewollte Muskelgruppen beeinflussen sollen. Das wäre dann für mich der Moment, an dem ich mich vom Spitzensport abwenden würde. Auf eine Freakshow von Mutanten habe ich keine Lust. Ich hoffe aber, dass die Jäger in diesem Fall schneller sind als die Täter, also wirksame Nachweistechniken entwickeln, bevor die Seuche richtig losgeht. Generell denke ich, dass es um das Doping im Radsport schon schlimmer stand als im Moment. Auch bei der Tour. Heute kann man immer wieder beobachten, dass ein Profi nach einer außergewöhnlichen Leistung am nächsten Tag Probleme mit dem Tempo hat, weil ihm der Vortag offensichtlich noch in den Knochen steckt. Das ist dann hart für den Athleten, der nun leiden muss, aber ein gutes Zeichen für den Radsport.

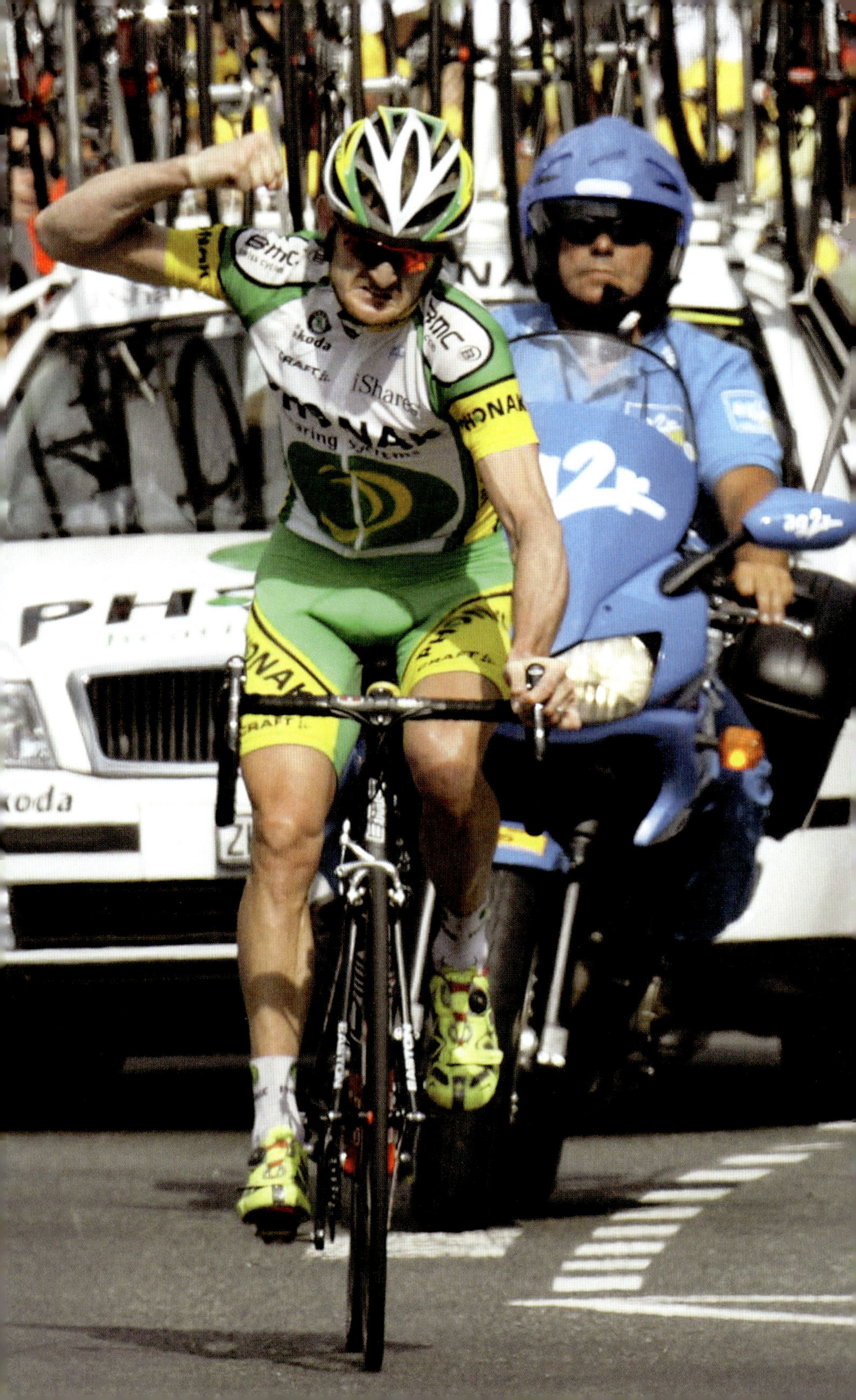
iShares
PHONAK

Viel zu schnell, um wahr zu sein: Floyd Landis siegt einen Tag nach seinem Einbruch 2006 in Morzine – allerdings nicht sauber, wie sich später herausstellte.

KARSTEN MIGELS: NORMAL IST DAS NICHT

Im Rückblick hätte ich mir einen besseren Start als Kommentator in den Radsport gewünscht. 1997 und die folgenden Jahre waren die Blütezeit des EPO-Dopings, und so wurden nicht nur immer wieder Leistungen infrage gestellt, sondern auch Siege und Platzierungen im Nachhinein aberkannt.

Bei meiner ersten Tour 1997 war ich viel zu sehr mit dem Mythos Tour de France beschäftigt, um intensiv in das Thema Doping einzusteigen. Aber bereits ein Jahr später – Klaus Angermann hatte mit Tony Rominger nach meiner durchwachsenen Leistung im Vorjahr das Ruder als Kommentator bei *Eurosport* übernommen – wurde mit klar, wie tief der professionelle Radsport im Dopingsumpf steckte.

Während der Tour 1998 bestand mein Job darin, aus der Sendezentrale in Paris grafische Einblendungen zu erläutern und das eine oder andere Interview zu übersetzen. Schon einige Tage vor dem Start in Dublin wurde der Betreuer Willy Voet vom französischen Festina-Team in

Nordfrankreich auf dem Weg zum *Grand Départ* in Irland verhaftet. Diese 85. Tour de France ging weniger durch den Zweikampf zwischen Marco Pantani und Jan Ullrich um den Gesamtsieg in die Geschichte ein, als durch Verhaftungen, Verhöre, Fahrerstreiks, den Rückzug ganzer Teams, das Auffinden von Dopingpräparaten und schließlich durch die Festina-Affäre.

Es hat sich bestätigt, was mein ehemaliger Trainer Heinz Kleeb einige Jahre vor seinem Tod zu mir sagte. Heinz Kleeb hatte sich nicht nur in seinem Heimatverein RVC Reute stark engagiert, sondern wurde auch nationaler und internationaler Rennkommissar im Bund Deutscher Radfahrer. Für den Radsportweltverband (UCI) war er 1998 beim Giro d'Italia als Dopingkommissar im Einsatz. Er sprach mit mir damals über die Praktiken einiger Mannschaften und Fahrer während der Dopingkontrollen und berichtete, dass ihm mehrfach in unterschiedlicher Form gedroht worden war – für den Fall, dass er Rennfahrer auffliegen lasse. Der Jurist von Beruf entschied sich schließlich schweren Herzens, seine Tätigkeit als Kommissar aufzugeben. Die nachfolgenden Ermittlungen der Polizei und Staatsanwaltschaft in Frankreich haben dann die Machenschaften einiger Teams und Sportler aufgedeckt und sie keineswegs besser aussehen lassen, sondern das Bild bestätigt.

Spätestens seit der Tour 1998 ist mein Blick auf Leistungen, Siege und Rennfahrer ein anderer. Ich würde heute sagen: »Ich kenne meine Pappenheimer«, und Leistungssteigerungen, die nicht nachvollziehbar sind, sollten stets infrage gestellt werden. Ich erinnere mich sehr gut an die Tour de Romandie 2003, als der Spanier Francisco Pérez im Trikot der portugiesischen Mannschaft Milaneza-MSS zwei schwere Etappen in Folge gewann. Der erste Sieg gelang Pérez nach einem beeindruckenden Solo in Leukerbad. Zwar wurde er auf den letzten Metern von einem Streckenposten fehlgeleitet, aber am Ende von der Jury zeitgleich mit dem Sieger Laurent Dufaux auf den ersten Platz gesetzt. Nur 24 Stunden später wiederholte der 27-Jährige in Châtel-Saint-Denis seine beeindruckende Leistung und ließ keinen Zweifel an seinen Ambitionen aufkommen. Pérez war innerhalb von wenigen

Monaten vom Nobody zum Siegfahrer geworden und hatte diese beiden Etappen in überragender Weise gewonnen. Während unser damaliger Kollege und Ex-Profi Jean-François »Jeff« Bernard schon von einem neuen Lance Armstrong sprach – vielleicht wusste Jeff damals schon viel mehr als wir –, fragte ich mich, wie eine solche Leistungssteigerung möglich sei. Am letzten Tag beim Einzelzeitfahren in Lausanne siegte Tyler Hamilton, und Francisco Pérez musste das tags zuvor übernommene Führungstrikot an den US-Amerikaner abgeben. Ein paar Wochen später wurde bekannt, dass Pérez an diesen zwei Tagen positiv auf künstliches EPO getestet worden war. Es folgte eine 18-monatige Sperre.

Ähnlich außergewöhnlich und kaum vorstellbar war ein paar Wochen später die Leistung des Romandie-Siegers Hamilton. Nach den Siegen bei Lüttich–Bastogne–Lüttich und in der Schweiz war Hamilton vor dem Start der Tour de France 2003 zum Herausforderer seines Ex-Teamkapitäns Armstrong geworden. Wie Armstrong stürzte auch sein Landsmann kurz vor dem Ziel der 1. Etappe in Meaux. Während Armstrong einen Bluterguss am Oberschenkel und eine Schürfwunde am Oberarm davontrug, wurde beim 30-Jährigen ein Schlüsselbeinanbruch, genauer: ein Haarriss, festgestellt. Unter normalen Umständen wäre dies das Aus gewesen, doch Hamilton kämpfte sich von Schmerzen gezeichnet durch die Tour und vor allem am 16. Tag über 200 Kilometer von Pau nach Bayonne. Diese Galavorstellung am letzten Pyrenäen-Tag beendete er mit einem »unvergesslichen« Etappensieg, und vier Tage später war er in Paris sogar Vierter in der Gesamtwertung. Tyler Hamilton wurde nicht wie Pérez einige Wochen später mit einem positiven Dopingtest in Verbindung gebracht. Jedoch waren diese Leistungen in Frankreich schon sehr beeindruckend und regten zum Nachdenken an. Diese kritische Sicht hat sich bestätigt, denn nach dem olympischen Zeitfahren von Athen 2004 – das er damals gewonnen hatte – begannen die Dopingermittlungen zu Tyler Hamilton, die schließlich zu Sperren und der Aberkennung der Goldmedaille führten.

Noch deutlich kritischer war die außerordentliche Leistung seines Landsmanns Floyd Landis zu beurteilen. Viele werden sich an die Tour de France des Jahres 2006 erinnern. Der heutige *Eurosport*-Experte Jens Voigt gehörte damals während der 13. Etappe auf dem Weg nach Montélimar zu einer Fluchtgruppe mit weiteren vier Fahrern. Mit 230 Kilometern war es die längste Etappe der Tour. Im Hauptfeld gönnte man sich einen zusätzlichen »Ruhetag« und ließ die Fluchtgruppe mit dem späteren Etappensieger Voigt mit fast einer halben Stunde Vorsprung das Rennen unter sich ausmachen. Zwar verbesserte sich der Tageszweite Óscar Pereiro durch diesen Vorsprung um 45 Positionen in der Gesamtwertung und übernahm das Gelbe Trikot von Floyd Landis, doch dieser fühlte sich wohl recht sicher und ging davon aus, das Führungstrikot in der letzten Woche der Rundfahrt zurückerobern zu können. Genau zwei Tage konnte Pereiro seinen Vorsprung gegenüber Landis verteidigen, bis das *Maillot Jaune* in L'Alpe d'Huez erneut an den 30-jährigen Amerikaner ging.

Nur einen Tag später führte die nächste schwere Alpenetappe von Bourg-d'Oisans über den Col du Galibier und den Col de la Croix de Fer zur Bergankunft nach La Toussuire. Es war die 16. Etappe, und der Wintersportort in den Savoyer Alpen durfte sich erstmalig als Tour-Etappenort bezeichnen. Mit Michael Rasmussen gewann ein weiterer Radprofi, der später des Dopings überführt und gesperrt wurde. Die Story des Tages war aber nicht der Sieg des Dänen Rasmussen, sondern der verheerende Einbruch des Führenden, Floyd Landis. Etwas mehr als acht Minuten verlor Landis gegenüber Óscar Pereiro, der sich als Dritter des Tages erneut in Gelb kleiden ließ. Landis sagte später zu seinem Einbruch: »Ich war gedemütigt. Es war das schlimmste Gefühl meines Lebens. Ich war deprimiert. So eine Niederlage hatte ich mir nicht vorstellen können.«

Am 17. Tag der Tour und damit keine 24 Stunden später war der Einbruch allerdings bereits vergessen. Landis attackierte auf dem Weg nach Morzine bereits in der ersten Steigung und legte ein Solo über 120 Kilometer hin. Eine kleine Ausreißergruppe, die sich noch

MIT MICHAEL RASMUSSEN GEWANN EIN WEITERER RADPROFI, DER SPÄTER DES DOPINGS ÜBERFÜHRT UND GESPERRT WURDE. DIE STORY DES TAGES WAR ABER NICHT DER SIEG DES DÄNEN RASMUSSEN, SONDERN DER VERHEERENDE EINBRUCH DES FÜHRENDEN, FLOYD LANDIS.

frühzeitiger als Landis absetzen konnte, wurde Fahrer für Fahrer vom »Überflieger« gestellt, und nichts konnte Landis daran hindern, nach 200 Kilometern Rennen bei extrem hohen Temperaturen, elegant und äußerst entspannt als Sieger vom Rad zu steigen. Óscar Pereiro verteidigte zwar das Gelbe Trikot, hatte aber von seinem Vorsprung mehr als sieben Minuten auf Landis eingebüßt, der nun Dritter in der Gesamtwertung war.

Ich stand diesem Höllenritt sehr kritisch gegenüber und schickte meiner Partnerin via SMS die Mitteilung »Das kann nicht sein, das ist unmenschlich, das ist Betrug«. Ich verstand die Welt des Radsports nicht mehr. Es war mir völlig unbegreiflich, wie man noch einen Tag zuvor zehn Minuten Rückstand kassieren und einen Tag später fahren konnte, als sei es der erste Tag einer Rundfahrt. Floyd Landis hat schließlich am vorletzten Tag, nach einem 57 Kilometer langen Zeitfahren in Montceau-les-Mines, die Führungsposition übernommen und ließ sich mit dem bitteren Beigeschmack des Dopings in Paris als Gesamtsieger der 93. Tour de France feiern. Es war jedoch nur eine Momentaufnahme, denn kurze Zeit später kamen die ersten positiven Dopingergebnisse, und nach einem langen Prozess wurde Landis im September 2007 der Tour-Sieg aus dem Jahr zuvor aberkannt und Óscar Pereiro zum Sieger erklärt.

Damals wie heute ist es aber sehr schwierig, dieses ungute Empfinden, diese zwiespältigen Eindrücke und das kritische Gefühl an die Zuschauer weiterzugeben. Unsere Aufgabe als Reporter besteht in erster Linie darin, das Bild für den Zuschauer zu kommentieren und um Eindrücke oder Einblicke zu ergänzen, die er nicht zwingend sofort selbst erkennt. Hätte ich 2003, als Francisco Pérez bei der Tour de Romandie wie Phönix aus der Asche zwei Etappen gewann, meine Bedenken geäußert und diesen Erfolg mit Doping in Verbindung gebracht, wäre mit ziemlicher Sicherheit ein Brief seines Rechtsanwalts in meinem Briefkasten gelandet. Nicht viel anders wäre es nach einer entsprechenden Äußerung bei der Fahrt von Floyd Landis nach Morzine gewesen.

Die vielen Jahre, in denen der professionelle Radsport immer und immer wieder zu Recht mit Doping in Verbindung gebracht wurde, haben ihre Spuren hinterlassen. Heute hat er in Deutschland, Österreich und der Schweiz wieder eine deutlich gestiegene Akzeptanz in der Bevölkerung, der Wirtschaft und der Politik. Nicht zuletzt ist das der aktuellen Generation von Profis zu verdanken.

Während *Eurosport* die großen Radrennen selbst in den schwierigsten Zeiten des Dopings übertragen hat, sind die öffentlich-rechtlichen Sendeanstalten nach jahrelanger Abstinenz inzwischen wieder eingestiegen. Fast schon wöchentlich kommen bei *Eurosport* neue Rennen von Frauen und Männern, auf Straße, Bahn und im Gelände hinzu.

Ich würde allerdings kaum, wie es ein Kollege vor einigen Jahren mal gesagt hat, meine Hand für XY ins Feuer legen. Aber Respekt vor der Person und der erbrachten Leistung sind für mich zunächst das Wichtigste. Und bis nichts anderes bewiesen ist, gilt die Unschuldsvermutung.

NICHT ZU ENTSCHEIDEN – UND IMMER WIEDER DISKUTIERT

DIE BESTEN FAHRER UND TEAMS

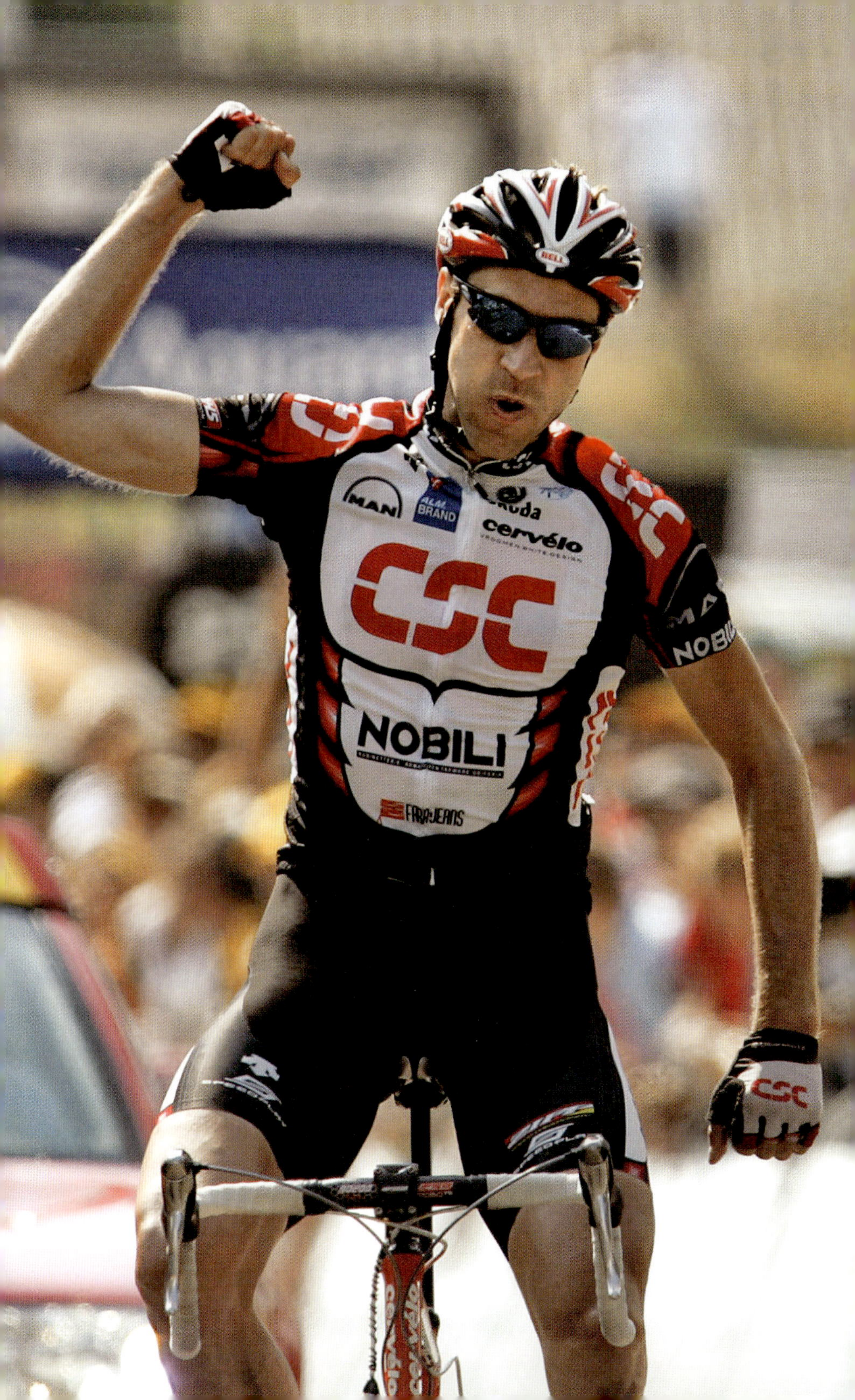
MAN
ALM BRAND
cervélo
CSC
NOBILI

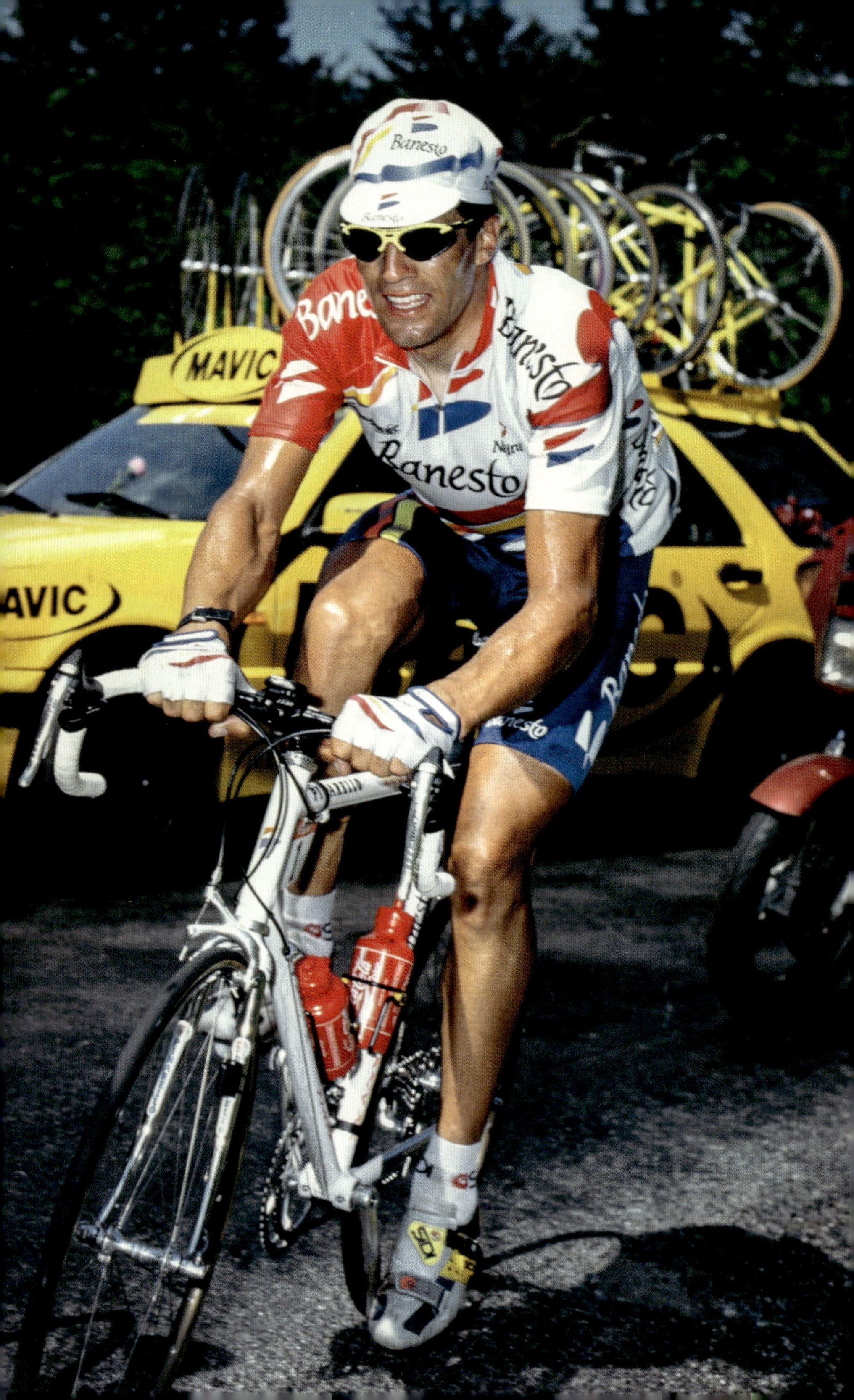

Banesto
MAVIC
AVIC

Eindrucksvolle Charaktere und Persönlichkeiten hat die Tour viele hervorgebracht: Kämpfer Voigt und Stilist Indurain gehören sicher dazu.

JÜRGEN LÖHLE: MEINE PERSÖNLICHEN FAVORITEN

Sie gehören beim Betrachten von Spitzensport einfach dazu – die immer gleichen Fragen nach den Besten, nach der eindrucksvollsten Leistung, nach dem Patron im Feld und natürlich auch nach dem Champion der Herzen. Auch ich werde immer wieder gefragt, wer denn nun, seit ich das Rennen beobachte, den meisten Eindruck auf mich gemacht habe. Eine Frage, die einen immer wieder in Nöte stürzt, denn eines ist klar: Der Radsport hat ja nicht nur ein Kriterium, auf das man schaut. Ist ein mehrfacher Gesamtsieger, der ja auch immer Produkt einer Teamleistung ist, der bessere Athlet als einer, der immer wieder als Ausreißer Etappen gewonnen hat? Oder sind am Ende die Sprinter die Größten, da sie meist deutlich mehr Etappensiege auf dem Konto haben als die Gesamtsieger? Oder doch die Bergkönige? Schwere Fragen, die nicht einfacher werden, wenn man nicht nur auf das rein Sportliche, sondern dazu auch auf die Persönlichkeit, auf das Auftreten und auf den Umgang der Athleten mit Fans und Medien schaut.

Es ist wohl klar, dass man da niemals nur einen Namen nennen kann. Wenn man mich jetzt aber dazu zwingen würde, dann wäre es für mich in den 30 Jahren, in denen ich dabei bin, dann doch Jens Voigt. Der Berliner war immer ein Garant dafür, dass auch auf per se langweiligen Etappen der Punk abging. Wenn man ihn mal von der Helferleine ließ, ist er auf und davon. Leider passierte das viel zu selten, aber manchmal eben doch. Er habe eine Feldallergie, so hat er seine unentwegten Attacken begründet. Bei seinen 17 Tour-Teilnahmen ist er insgesamt gut 3.500 Kilometer allein vorn im Wind gefahren, eine ganze Tour-Länge auf der Flucht. Obwohl er meistens eingefangen wurde. Aber das manchmal, sorry, nur arschknapp. Im Jahr 2000 zum Beispiel stellte ihn das hinterherjagende Feld nach 200 Kilometer Flucht erst 200 Meter vor dem Ziel in Vitré. Voigt rollte dann als 34. über die Ziellinie. Gewonnen hat damals übrigens Marcel Wüst vor Erik Zabel.

Obwohl Voigt die meiste Zeit als Helfer arbeiten musste, gewann er zwei Tour-Etappen, trug zwei Tage das Gelbe Trikot und ebenfalls zwei Tage das Trikot des besten Bergfahrers. Das letzte Mal übrigens 2014 bei seiner 17. und letzten Tour, und das im Alter von 42 Jahren. Sportlich ist das schon beeindruckend genug; mir hat aber darüber hinaus immer imponiert, wie der sechsfache Vater selbst im größten Stress freundlich blieb, im Ziel auch dann noch Autogramme schrieb, wenn er fix und fertig eigentlich nur noch in den Bus wollte. Davor verschenkte er noch seine Trinkflaschen an Kinder. Ein in jeder Hinsicht beeindruckender Sportler, der sich zudem quälen konnte, wie kaum ein anderer. Wie war noch gleich sein Wahlspruch? Genau: *Shut up, legs!*

Tief beeindruckt hat mich aber auch Miguel Indurain. Und zwar als Sportler und als Persönlichkeit. Es waren schon fünf ganz außergewöhnliche Tour-Siege des Basken. Wie elegant Big Mig auf dem Rad saß! Da ruckelte nichts; Indurain beschleunigte leichtfüßig im Sitzen und schien dabei immer noch ein wenig zu lächeln, wenn andere schon lange mit aufgerissenem Mund nach Luft schnappten. »Du bringst dich halb um, drehst dich um, und der Kerl lacht auch noch«, hat einst Claudio Chiappucci, damals jahrelang einer der besten Bergfahrer und zweimal Zweiter bei der Tour, über Indurain gesagt. Ganz so war es nicht. Was wie Lächeln aussah, war Indurains Ausdruck für Anstrengung. Denn auch der Mann mit Ruhepuls 30 und einer Acht-Liter-Lunge fuhr nur scheinbar mühelos. »Wenn er mich zum Schuhekaufen begleitet, lässt er sich nach zehn Minuten einen Stuhl bringen, weil er nicht mehr stehen kann«, hat seine Frau den Supersportler in einem Interview als ganz normalen Mann enttarnt. Mühelos waren seine Bergfahrten nicht, aber sie sahen so aus. Und auf jeden Fall bewegte sich Indurain zwischen 1991 und 1995 bei der Tour in seiner eigenen Liga. Dabei blieb er aber trotz des immer größer werdenden Hypes um seine Person stets ruhig und freundlich. Aus heutiger Sicht unvorstellbar: Man konnte sich mit ihm kurz vor dem Start auf ein kurzes Interview im *village départ* treffen und eben mal mit dem Mann im Gelben Trikot einen Espresso trinken, einfach so. 1993 habe ich ihn gefragt, wie sich das so anfühlt als Weltstar. »Star?«, war seine Antwort, »Ich denke, ich bin nur ein Sportler, der gut Rad fährt.«

Noch mehr beeindruckte mich der bescheidene Kerl mit dem gnadenlosen Tritt aber im Jahr 1996. Vor dem Start der Tour im holländischen ’s-Hertogenbosch gab es eigentlich nur einen Favoriten – Miguel Indurain. Wenn er nicht stürzte, würde er als Erster in der Geschichte des Rennens auch seine sechste Tour gewinnen, daran zweifelte kaum jemand. Doch dann kam der 6. Juli, ein schwüler und heißer Tag in den Alpen. Die siebte Etappe führt von Chambéry hinauf in die Skistation Les Arcs, die ersten 200 harten Kilometer im Hochgebirge bei dieser Tour. Alles läuft normal, bis etwa fünf Kilometer vor dem Ziel hält sich »Big Mig« sicher in einer kleinen Spitzengruppe. Und dann ist plötzlich alles anders. Der »Außerirdische«, wie ihn die *L’Équipe* getauft hatte, zeigt eine Schwäche, gegen die er jahrelang immun zu sein schien. Der Souverän leidet sichtbar, schwitzt heftig. Er lässt sich sogar Cola reichen, was in dieser Phase des Rennens nicht mehr erlaubt ist und ihm auch noch eine Zeitstrafe einbringen wird. Aber das ist nicht mehr wichtig. Es wird still im Pressezentrum, das geschäftige Treiben verstummt, ungläubig starren die Journalisten auf die Bildschirme.

Was zum Teufel ist denn da los? Tony Rominger, Indurains langjähriger Widersacher, erkennt die Situation als Erster und attackiert. Die Gruppe mit Indurain dahinter zieht sich mehr und mehr in die Länge, reißt langsam auseinander. Luc Leblanc steigt Rominger hinterher, dann der Österreicher Peter Luttenberger, Richard Virenque zieht an, auch Dufaux, Olano, Riis und Ugrumow. Wann, um alles in der Welt, kommt der Konter von Miguel Indurain? Jahrelang hat er solche Attacken doch im Sitzen kontrolliert und korrigiert. Doch jetzt scheint der Souverän beinahe zu stehen. Er reißt an den Pedalen, rutscht im Sattel hin und her wie ein Wasserträger in akuter Bergnot. Und plötzlich fährt ein weiterer Profi locker an ihm vorbei, ein junger Kerl von 22 Jahren bei seiner ersten Tour, der beste Neoprofi im Feld. Jan Ullrich schaut Indurain vielleicht eine Sekunde lang ins Gesicht, als ob er gar nicht glauben kann, dass er wirklich schneller ist als der Patron. Aber er ist es, locker sogar. Am Ende verliert Indurain fast viereinhalb Minuten auf den Etappensieger Leblanc. Im Pressezentrum beginnen Dutzende Reporter ihre Geschichten neu zu schreiben. Ich auch.

Nach fünf Jahren Indurain begann an diesem Tag die Wachablösung bei der Tour de France. Zwei Wochen später rollt Bjarne Riis im Gelben Trikot über die Champs Élysées, Jan Ullrich wird bei seiner ersten Tour Zweiter. In den 14 Tagen bis dahin aber macht sich Miguel Indurain sportlich vollends unsterblich. Er hätte ja aufhören können. Die Tour war schon in Les Arcs verloren, spätestens aber am Tag danach, als er beim Bergzeitfahren nach Val d'Isere noch einmal eine Minute auf die Besten verlor. Aber er schwang sich weiter aufs Rad, gab nicht auf und kämpfte auch bei der letzten Bergetappe dieser Tour unbeirrt – aber chancenlos. Diese Etappe von Argelès-Gazost nach Pamplona verlief über unfassbare 262 Kilometer durch die Pyrenäen und endete in Pamplona unweit von Indurains Geburtsort Villava-Atarrabia. Die Strecke führte zu seinen Ehren direkt an seinem Geburtshaus vorbei, aber er kam dort erst gut acht Minuten hinter einer Spitzengruppe durch; im Ziel war er die Nummer 19. Das Rennen war endgültig verloren, Indurain hätte danach ohne großen Gesichtsverlust aussteigen können, aber er fuhr weiter, bis Paris. Platz elf, mehr als 14 Minuten

Rückstand auf den Dänen Riis. Damals rollten am Ende alle Mannschaften noch eine Ehrenrunde über die Champs Élysées, und als der geschlagene Baske mit seinem Banesto-Team an der Reihe war, erhoben sich die Fans auf den Tribünen. Ein echter Gänsehautmoment. Standing Ovations für einen sportlichen Verlierer, der durch die Art, wie er seine Niederlage hinnahm, noch ein wenig größer wurde. Ein paar Tage später wurde er in Atlanta Olympiasieger im Zeitfahren. Kurz danach endete nach zwölf Profijahren seine Karriere mit einer Aufgabe bei der Vuelta.

Eine echte Sportlerpersönlichkeit ist auch Tony Martin für mich. Vierfacher Weltmeister im Zeitfahren, fünffacher Etappensieger bei der Tour, 2015 drei Tage im Gelben Trikot, bis er es nach einem Sturz mit gebrochenem Schlüsselbein abgeben musste. Wieder mal ein böser Sturz, wie schon so oft für Martin. 2012 das Aus in der ersten Etappe mit Kahnbeinbruch, 2021 holte ihn bei seiner 13. und letzten Tour eine Zuschauerin vom Rad. Ein paar Tage später musste er dann aufgeben, wie bei insgesamt sechs seiner 13 Teilnahmen. Aber trotz dieses Pechs hat er sich nie unterkriegen lassen, ums Haar eine Bergankunft auf dem Ventoux gewonnen und als Weltstar ohne Murren lange Jahre bei der Tour Helferdienste für seine Kapitäne geleistet. Und das mit einer Klasse, die ihn zum besten Helfer der Welt machte und ihm den Spitznamen »Panzerwagen« bescherte. Klingt natürlich ein wenig abwertend, ist es aber nicht. Darin liegt Respekt und Anerkennung für einen Mann, der über Jahre stundenlang stoisch im Wind fuhr, Ausreißer einfing oder Sprints anzog, und sich damit so viel Kraft aus den Beinen fuhr, dass er sich um die eigenen Ambitionen beim Zeitfahren brachte. So viel Selbstlosigkeit bei so viel Klasse – das hat mir großen Respekt abgenötigt. Tony Martin beendete im September 2021 in Flandern mit seinem insgesamt achten WM-Titel in der Mixed-Staffel seine große Karriere.

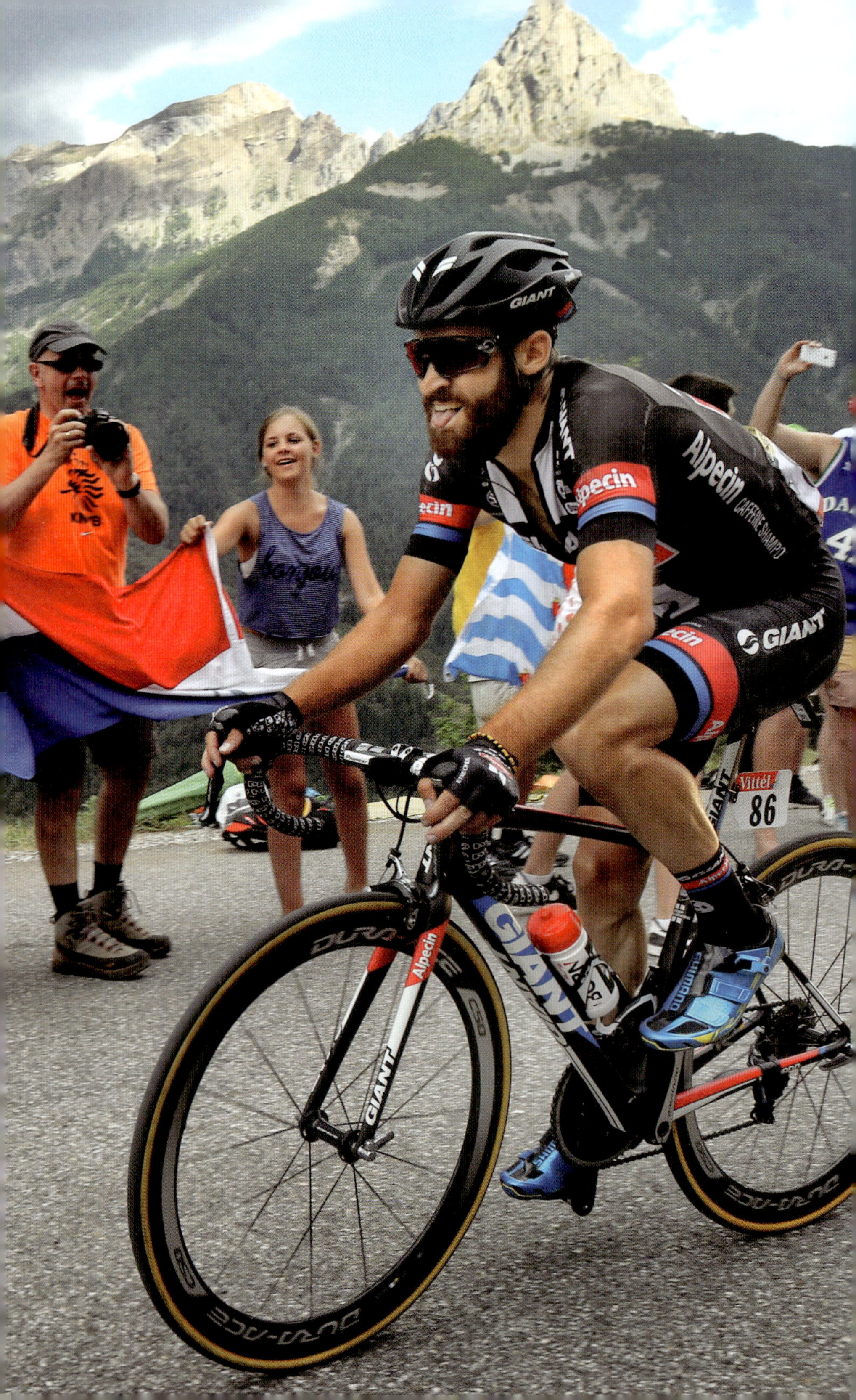
GIANT
Alpecin
CAFFEINE SHAMPOO
Vittel
86

Mit das Schönste sind Siege, die man so nie erwartet hätte – so wie der von Simon Geschke nach mehr als 50 Kilometer Alleinfahrt im Hochgebirge 2015 in Pra-Loup.

KARSTEN MIGELS: GANZ BESONDERE SIEGE

Es ist eine Frage, die mir bereits recht häufig gestellt wurde: »Hast du einen Fahrer oder ein Team, das du besonders magst, einen persönlichen Favoriten?« »Nein«, antworte ich dann immer, »das habe ich nicht, aber es gibt Fahrer und Teams, zu denen ich einen emotionaleren Bezug habe als zu anderen«. Und wenn es um besonders haften gebliebene Siege geht, so ist für mich vor allem die Art, wie es jeweils dazu gekommen ist, von Bedeutung.

Wie an anderer Stelle bereits berichtet, war ich mir 1997 der Tragweite der historischen Solofahrt von Jan Ullrich nicht recht bewusst. Als Tour-Neuling war ich zu sehr mit den täglichen Aufgaben und Erlebnissen beschäftigt. Ich konnte diesen Sieg und Ullrichs Sprung in das Gelbe Trikot daher auch nicht mit den entsprechenden Emotionen begleiten. Heute, über 20 Jahre später, wäre das eine völlig andere Situation. Grundsätzlich bin ich schon ein sehr emotionaler Mensch, und da ich selbst aus dem Radsport komme, kenne ich die Leiden der

Sportler und Sportlerinnen und kann mich daher gut in ihre Lage versetzen. Ob es ein Defekt, ein Sturz oder ein Sieg bei einer Tour-Etappe oder jedem x-beliebigen Radrennen ist, Emotionen gehören zum Sport dazu, und wir Kommentatoren sollten diese Emotionen und diese Leidenschaft auch weitergeben. Es gibt auch sicher Kollegen, die in bestimmten Situationen ziemlich patriotisch sind. Ich finde, im Sport sollte ganz einfach der Bessere gewinnen.

Es ist kein Geheimnis, dass mir die Rennen auf Kopfsteinpflaster und die Sprint-Entscheidungen besonders gut gefallen, da ich jemand bin, der mit diesen Voraussetzungen auch als Sportler vermutlich ganz gut zurechtgekommen wäre. Daher erinnere ich mich sehr gut an den Sieg von Lars Boom 2014 in Arenberg. Es war damals nicht nur der Regen während dieses fünften Tour-Tages, sondern auch die Dramatik der Etappe und die Art und Weise, wie der ehemalige Cross-Weltmeister über die 13 Kilometer Kopfsteinpflaster bretterte und seinen Traum vom Etappensieg wahrmachte. Man kann argumentieren, das Kopfsteinpflaster von Roubaix gehöre nicht in eine Tour de France, aber ich bin anderer Meinung. Nur wer bei allen sportlichen Anforderungen die besten Qualitäten mitbringt, kann eine Tour de France gewinnen. So wie damals übrigens Vicenzo Nibali, der nur 19 Sekunden hinter dem Niederländer ins Ziel kam und die Tour am Ende gewann.

Ungefähr 40 Kilometer südwestlich von Arenberg befindet sich die französische Kleinstadt Cambrai, wo sich nur ein Jahr später ein ähnliches Schauspiel wiederholte, das sicher nicht nur bei mir Begeisterung auslöste. Mit einer Distanz von 223 Kilometern war es der längste Abschnitt der Tour de France 2015, die drei Tage vorher in Utrecht/Niederlande gestartet worden war. Das Wetter war nicht so miserabel wie vor Jahresfrist, und das war einer der Gründe, weshalb es zwischen den Favoriten auf den Gesamtsieg im Ziel keine großen Abstände gab. Vor dem Start der Etappe (die über 13 Kilometer Kopfsteinpflaster führte) im belgischen Seraing befand sich Tony Martin mit nur einer Sekunde Rückstand hinter Christopher Froome im Kampf um Gelb, und für den 30-Jährigen war es eine der letzten Chancen, die Führung zu übernehmen. Martin hatte schon während der letzten drei Etappen vergeblich versucht, die Gesamtführung zu übernehmen, und war immer nur Sekunden davon entfernt. 19 Kilometer vor dem Tagesziel fiel der Zeitfahrspezialist durch Defekt erneut zurück. Er wechselte auf das Rad seines Teamkollegen Matteo Trentin und schaffte innerhalb weniger Kilometer den Anschluss an die Spitzengruppe. Tony Martin startete dann quasi durch und platzierte 3,3 Kilometer vor dem Ziel mit einer Entweder-oder-Attacke den entscheidenden Vorstoß zum Etappensieg und dem Gelben Trikot. »Kein Glück, nur Kraft und Mut. Wir sind stolz auf dich!«, twitterte kurze Zeit später sein Teamkollege Mark Cavendish. Für den deutschen Radsport war es ein historischer Tag, denn John Degenkolb wurde Zweiter, und während Tony Martin Gelb übernahm, verteidigte André Greipel das Grüne Trikot. Eine Führung in der Gesamt- und Punktewertung hatte es zuletzt 1997 durch Jan Ullrich und Erik Zabel gegeben. Leider war für Tony Martin zwei Tage später in Le Havre die Zeit im Gelben Trikot vorbei, als er auf dem letzten Kilometer stürzte und sich das Schlüsselbein brach.

Diese 102. Tour de France war für die deutschen Renner ohnehin eine sehr erfolgreiche Rundfahrt. Insgesamt waren es sechs Etappensiege: Viermal gewann André Greipel, einmal Tony Martin und nicht zu vergessen der grandiose Sieg von Simon Geschke in Pra-Loup. Es waren über 50 Kilometer, die der gebürtige Berliner als Solist zurücklegte. Mit 30 Sekunden Vorsprung erreichte er dann als Erster die Bergankunft (wo 1975 Etappensieger Bernard Thévenet die Vorherrschaft von Eddy Merckx beendete). Unter Freudentränen sagte Geschke anschließend im Siegerinterview: »Das ist der schönste Tag in meinem Leben auf dem Rad. Ich werde Tage brauchen, um das zu verstehen.«

Ein Jahr später musste André Greipel bis zum Ende der 21. und letzten Etappe in Paris warten, um überhaupt jubeln zu können. Und genau dieses Durchhalten, das Kämpfen bis zum Ende und der stete Glaube an sich und das Team machen diesen letzten von elf Tour-Etappensiegen für mich so besonders.

Mit Marcel Kittel, Tony Martin und André Greipel haben bereits drei dieser großartigen Rennfahrer ihre Karriere beendet. Alle drei durfte ich vom Beginn ihrer Karriere als Berufsradfahrer an begleiten.

Während die einen das Rad an den Nagel hängen, stehen andere noch vor vielen und hoffentlich erfolgreichen Jahren als Berufssportler. So zum Beispiel zwei der 13 Fahrer, die 2021 bei der Tour eine Etappe gewinnen konnten, Nils Politt und Patrick Konrad. Radsport bedeutet nicht nur, wie aus dem Lehrbuch zu agieren, sondern auch einen Instinkt für das Rennen zu entwickeln und in den entscheidenden Situationen umzusetzen. Dass Nils Politt genau das perfekt beherrscht, hat der Klassiker-Spezialist auf der 12. Tour-Etappe nach Nîmes einmal mehr gezeigt. Das ist es, was für mich Radsport ausmacht: sich im Rennen nicht nur vom Powermeter und den Anweisungen des Sportlichen Leiters steuern lassen, sondern selbst wissen und entscheiden, wann man angreifen kann und muss. Dazu muss man sagen, dass Nils der Radsportverstand schon in die Wiege gelegt wurde. Nicht nur sein Vater, sondern auch sein Onkel und sein Opa saßen auf dem Rennrad und nahmen Nils schon als Kleinkind zu den Radrennen mit.

Patrick Konrad stammt zwar nicht aus einer Radsportfamilie, aber sein Vater war Mittel- und Langstreckenläufer und hat seinem Sohn die entsprechenden körperlichen Voraussetzungen mitgegeben, um eine schwere Tour-Etappe durch die Pyrenäen zu gewinnen. Über 30 Kilometer war Patrick als Solist bei schlechtem Wetter nach Saint-Gaudens unterwegs und wurde für seinen Mut mit seinem ersten Tour-de-France-Etappensieg belohnt.

Wenn ich etwas weiter zurückblicke, kommt mir das Jahr 2009 in den Sinn. Ebenfalls Regen, Berge und ein Solo-Sieg in Colmar durch Heinrich Haussler. Am Ende wurden während dieser total verregneten Etappe 197 Kilometer für eine Fluchtgruppe notiert, in der Heinrich »Heino« Haussler neben dem Franzosen Christophe Moreau zu den ersten Angreifern gehörte. Viel zu selten ist es mittlerweile der Fall (dem Funk der Teams und der »Fernsteuerung« aus dem Teamfahrzeug geschuldet), dass sich eine Ausreißergruppe bis ins Finale durchsetzt und den Etappensieger stellt. Heinrich Haussler wurde vom Helfer beim Team Gerolsteiner zum Tour-Etappensieger in seiner neuen Mannschaft Cervélo aus der Schweiz. Vielleicht war es ein kleiner Vorteil für Heinrich, dass er nur zirka 40 Kilometer von Colmar entfernt zu Hause ist und auf einem Teil seiner Trainingsstrecken unterwegs war. Die Zuschauer sahen jedenfalls eine begeisternde Fahrt, an deren Ende der erste deutsche Etappensieg 2009 eingetütet war.

Auch Marcus Burghardt fällt mir spontan ein, wenn ich über emotionale Siege nachdenke, und über Sportler, die schon fast abgeschrieben wurden, aber dennoch siegten. Für den gebürtigen Sachsen verlief das Frühjahr 2008 verletzungsbedingt nicht wie erhofft, und so blieb nur die Konzentration auf die Tour de France im Sommer. Allerdings war es nicht so einfach, ins Tour-Team um Sprinter Cavendish und Leader Kim Kirchen zu gelangen und auf eigene Rechnung fahren zu dürfen. Erst vier Tage vor dem Ziel in Paris (die schwierigsten Etappen lagen hinter den Fahrern, und die Gesamtwertung hatte klare Konturen angenommen) war auf dem Weg durch das Zentralmassiv nach Saint-Étienne Burghardts Chance gekommen. Nach einer sehr schnellen Anfangsphase konnte er sich am ersten von drei kategorisierten Bergen gemeinsam mit Carlos Barredo absetzen. Ständig versuchte der Spanier auf den letzten Kilometern Burghardt abzuschütteln. Das jedoch ohne Erfolg, sodass es vor dem Stadion des AS Saint-Étienne zu einem Sprintduell zwischen den beiden kam, das Marcus Burghardt souverän für sich entschied. Er hatte sich dank seines Trainers, seiner Familie und Freunde dorthin zurückgekämpft, wo man siegen kann, und freute sich riesig, dass es endlich geklappt hatte.

Acht Jahre liegen zwischen zwei weiteren erwähnenswerten Siegen bei der Tour de France. Gerade 23 Jahre war Fabian Cancellara 2004 bei seinem ersten Tour-Start in Lüttich und galt schon als einer, dem ein Sieg im Prologzeitfahren zuzutrauen war. Am Ende der sechs Kilometer durch die Lütticher Innenstadt betrug sein Vorsprung auf den

Zweiten zwar nur zwei Sekunden, aber das reichte aus, um das Gelbe Trikot über zwei Tage durch die Wallonie zu tragen. Zwischen diesem und seinem letzten Tour-de-France-Prologsieg, den er 2012 ebenfalls in Lüttich einfuhr, liegen vier Weltmeistertitel im Zeitfahren, olympisches Gold, weitere Tour-Etappensiege, Siege bei Paris–Roubaix, der Flandernrundfahrt, bei Mailand–Sanremo und vieles mehr. Durch diese Erfolge war Fabian »Spartacus« Cancellara beim Tour-Auftakt 2012 der Topfavorit. Nachdem er auch schon in London 2007, 2009 in Monaco und 2010 in Rotterdam gewonnen hatte, konnte er nun zum bisherigen Rekordhalter Bernard Hinault aufschließen, der ebenfalls fünf Auftaktzeitfahren für sich entschied. Cancellara war in dieser Zeit zu einem der erfolgreichsten Radsportler seiner Generation geworden, und es ist umso bemerkenswerter, dass sich der mittlerweile 35-Jährige am 20. Juli 2016 eher leise von der Stätte seiner größten Erfolge zurückgezogen hat. Nach insgesamt 29 Tagen im Gelben Trikot, sieben Etappensiegen bei elf Teilnahmen und dem Start der 17. Etappe in seiner Heimatstadt Bern hatte der Klassiker- und Zeitfahrspezialist noch das Tagesziel auf fast 2.000 Metern am Lac d'Emosson erreicht, war dann aber durch die »Hintertür« der Tour verschwunden und stieg 24 Stunden später nicht mehr in den Sattel.

Nach seinem frühzeitigen Tour-Aus fuhr Fabian Cancellara in Rio noch das olympische Straßenrennen (er wurde 34.), um sich dort vier Tage später dem letzten Wettbewerb als Profi, dem olympischen Zeitfahren, zu stellen und wie schon acht Jahre zuvor in Peking Gold zu gewinnen.

Aber es sind nicht nur die Gesamtsieger oder die Platzierten auf dem Podium in Paris, denen meine Sympathie gilt. Ich schwärme auch für diejenigen, die sich wie ihre Kapitäne durch Wind und Wetter kämpfen und über Stock und Stein fahren, dabei aber nicht im Rampenlicht stehen, sondern als »Wasserträger« und Helfer in den Mannschaften unentbehrlich sind, und ohne deren Spitzenleistungen die Tour-Champions niemals gewinnen würden.

KARSTEN MIGELS

“

ABER ES SIND NICHT NUR DIE GESAMTSIEGER ODER DIE PLATZIERTEN AUF DEM PODIUM IN PARIS, DENEN MEINE SYMPATHIE GILT.

”

EPILOG

KARSTEN MIGELS: *VIVE LE TOUR!*

Es ist schwierig zu sagen, ob es in 20 oder 50 Jahren noch Radrennen und insbesondere eine Tour de France geben wird, und unmöglich zu beurteilen, ob unser Job als Reporter dann noch gefragt sein wird. Aber dass die Tour mehr als nur ein Radrennen ist und selbst die Corona-Pandemie dem Mythos nichts anhaben konnte, zeigten die letzten beiden Austragungen. Tour-Direktor Christian Prudhomme behauptete im März 2020, dass es sehr viel mehr bräuchte als ein lebensbedrohliches Virus, um das wichtigste Radrennen der Welt zu stoppen. Nur Weltkriege hätten die Tour bisher stoppen können, so der Direktor weiter.

Klar: Für die Franzosen ist die Tour de France ein Nationalheiligtum, und sie ist tief in der französischen Kultur verwurzelt. Aber seit vielen Jahren ist dieses dreiwöchige Event noch viel mehr als ein Stück Frankreich: Es ist auch eine lebensnotwendige Grundlage für den Radsport. Die Teamchefs der 19 WorldTour-Mannschaften (die automatisch eine Startberechtigung für die Tour de France haben) betonten

2020 immer wieder, dass die Durchführung der Tour für sie wirtschaftlich überlebenswichtig sei. Patrick Lefevere, Teamchef der belgischen Mannschaft Deceuninck-Quick Step, nannte die Teilnahme an der Rundfahrt den Hauptgrund für die Investitionen der Sponsoren. Ohne Tour könne das gesamte System des professionellen Radsports zusammenbrechen. Aus Sicht der Teams ging es daher gar nicht anders, als auch in Corona-Zeiten alles daranzusetzen, die Rundfahrt stattfinden zu lassen.

Der Start wurde um zwei Monate nach hinten verschoben und wichtige Sicherheitskonzepte in Zusammenarbeit mit der französischen Regierung entwickelt. Da waren die sogenannten race bubbles, also Kontaktgruppen, die sich aus Fahrern und Teammitgliedern zusammensetzten und während des gesamten Rennens von anderen Personen isoliert blieben. Jede Mannschaft hatte ihre eigene Hoteletage. Im Start- und Zielbereich gab es keinen Zugang für Zuschauer und Journalisten zu den Teambussen und daher keine Autogramme, Selfies und Interviews. Reduziert wurde auch die Anzahl der Hosts, Hostessen und Ehrengäste für die Siegerehrungen. Bereits hinter der Bühne bekamen die Fahrer ihre Wertungstrikots angezogen, und das obligatorische Händeschütteln auf dem Podium fiel ebenfalls weg. Tour-Direktor Prudhomme bat zudem vor dem Start (diesmal erst Ende August) die Fans darum, an der Strecke doch bitte Masken zu tragen.

Als drei Wochen später das Corona-Fazit der 107. Tour de France gezogen wurde, war man sehr zufrieden, denn im gesamten Peloton wurde niemand positiv auf Corona getestet, und nur einige Betreuer und Tour-Chef Christian Prudhomme mussten das Rennen zeitweise verlassen und sich in Quarantäne begeben.

Für uns als Reporter stand das Thema Tour de France »on site«, also die Begleitung der Tour vor Ort, im Jahr 2020 gar nicht zur Debatte. Zum einen war die Ansteckungsgefahr zu groß, und zum anderen wären die Arbeitsbedingungen nicht viel besser als im nationalen Studio gewesen. Weder Fahrer noch Sportliche Leiter oder Teammanager hätten wir persönlich sprechen können. Der einzige Vorteil wäre ein besserer Eindruck von der Strecke, von den letzten Kilometern einer Etappe gewesen. Der sonstige Informationsfluss ist durch die digitalen Medien ohnehin umfassend. Zum einen gibt es die Website der Tour mit vielen zusätzlichen Informationen etwa zu den Start- und Zielorten, den Regionen. Dort finden sich auch die jeweiligen Resultate und das für uns wichtige Bulletin, also das offizielle Ergebnis einer Etappe mit allen Einzel- und Besonderheiten eines Abschnitts. Das offizielle Roadbook, die Bibel der Tour (das weit über 200 Seiten dicke Buch mit allen wichtigen Informationen zu den Etappen), das Reglement sowie der Guide für den touristischen und historischen Teil der Tour werden ohnehin seit einigen Jahren aus Kostengründen fast nur noch als PDF-Datei herausgegeben. Am Ende dieser Informationsflut stehen dann noch die Teams, die ständig Pressemitteilungen versenden und über einen Twitter- und Instagram-Account zusätzliche Neuigkeiten weitergeben. Nicht zu vergessen, dass zwischenzeitlich viele Fahrer in unterschiedlichsten Formen online sind und ihre persönlichen Eindrücke nach dem Rennen posten.

Klar kann man sich die Frage stellen, ob man bei diesem Angebot an Informationen überhaupt vor Ort sein muss, ob es im Blick auf die CO_2-Bilanz sinnvoll ist, innerhalb von vier Wochen (inklusive An- und Abreise) 6.000 bis 7.000 Kilometer mit dem Auto zurückzulegen. Seit meiner ersten Tour de France ist es zudem viel hektischer geworden. Es befinden sich immer mehr Fahrzeuge und Besucher an den Strecken und im direkten Umfeld der Organisation. Ein Verkehrschaos lässt sich bei einer Etappe auch durch gut erarbeitete Konzepte nicht immer verhindern und strapaziert zusätzlich die Nerven. Bei allem Für und Wider bleiben es aber die wichtigen Gespräche, der Austausch an Informationen mit den Kollegen, die persönlichen Erfahrungen und Erlebnisse am Rande der Tour, die unsere Arbeit vor Ort ausmachen.

Wie all dies in 20 Jahren aussehen wird, ob wir als Journalisten vor Ort noch erwünscht und notwendig sind, ob sich die immer weiter steigenden Kosten für An- und Abreise, Pkw, Hotel und Verpflegung,

AUCH NACH EINEM VIERTELJAHRHUNDERT TOUR DE FRANCE ALS REPORTER HÄLT SIE MICH WEITER FEST IN IHREM BANN. ZWAR WÜNSCHE ICH MIR NACH WOCHEN VOLL ARBEIT UND STÄNDIGEM UNTER-STROM-STEHEN MANCHMAL MÖGLICHST SCHNELL DAS ENDE HERBEI. ABER IST ES DANN ENDLICH DA, KANN ICH ES BIS ZUM NÄCHSTEN *GRAND DÉPART* KAUM ABWARTEN.

Gebühren etc. in einigen Jahren noch rechnen, lässt sich noch nicht absehen. Aber es bleibt die Tatsache, dass mich mein erster Tour-Besuch 1976 in den Vogesen so gefesselt hat, dass ich mich bis heute nicht davon befreien konnte. Auch nach einem Vierteljahrhundert Tour de France als Reporter hält sie mich weiter fest in ihrem Bann. Zwar wünsche ich mir nach Wochen voll Arbeit und ständigem Unter-Strom-Stehen manchmal möglichst schnell das Ende herbei. Aber ist es dann endlich da, kann ich es bis zum nächsten *Grand Départ* kaum abwarten. Insofern kann ich die Franzosen und ihre Liebe zur Tour nur allzu gut verstehen. *Vive le Tour!*

JÜRGEN LÖHLE: LIVE - AUS DEM HOMEOFFICE?

Corona hat im Jahr 2020 für uns Journalisten so gut wie alles verändert. Das Besondere an der Arbeit, das Mitziehen mit dem Tross, die abendlichen Treffen mit Menschen aus der Szene, der enge Kontakt auch mit Kollegen und Fans – alles kein Thema mehr. Stattdessen Maske tragen, Abstand halten und Isolation. Die Tour lief unter strengen Kontaktbeschränkungen, keinerlei Nähe war gestattet und somit auch jegliche Möglichkeit dahin, Geschichten sozusagen abseits des Fernsehbildes zu schreiben. Die Frage, ob man bei dem Spektakel unter Corona dabei sein musste, konnte ich für mich schnell beantworten. Musste ich nicht. Letztlich hätte es genau eine Geschichte gegeben, für die man zum Start nach Nizza hätte fahren können: Wie fühlt sich das so an, das größte Radrennen der Welt in einer Blase? Aber dafür hätte sich der Aufwand nicht wirklich gelohnt. – 2021 war es dann schon wieder etwas anders, weniger Restriktionen, mehr Zuschauer. Ich bin aber trotzdem nur zu einem Kurzbesuch an den Mont Ventoux gefahren, weil die Zeitungen bereits im Frühjahr signalisiert hatten, dass das Honorarbudget in einem Olympiajahr nicht mehr viel für Storys von der Tour hergeben würde.

JÜRGEN LÖHLE

Inzwischen wird immer häufiger gefragt, ob man denn überhaupt an die Strecke müsse, um über die Tour zu schreiben. Nun ja, eines stimmt an der Frage schon: Zwischen meiner ersten Tour vor über 30 Jahren und heute hat sich in puncto Nachrichtentechnik so gut wie alles verändert. Im Zeitalter des Internets lässt sich zu Hause jede Etappe vom ersten bis zum letzten Meter live im Fernsehen verfolgen, und für akkreditierte Journalisten kommt auch *Radio Tour* ins Haus. Wenn man einen Fahrer beim Telefoninterview nicht nur hören, sondern auch sehen will, geht das mit Skype oder Facetime. So gesehen gibt es auch virtuell alle Infos, die man braucht, um im Bild zu sein und arbeiten zu können. Und natürlich hat man nach vielen Jahren auch genug Ortskenntnis, um zumindest bei den klassischen Anstiegen im Gebirge genau zu wissen, wo es besonders wehtut, wo der Asphalt gerne mal klebt oder wo man ein wenig Luft schnappen kann.

Trotzdem ist die Tour de France vor Ort doch noch ganz anders als das Bild im Fernsehen. Du siehst zwar, dass die Sonne brennt, aber wie heiß es wirklich ist, fühlst du nur vor Ort. Der Regen auf dem Bildschirm macht dich nicht nass, die 9 °C im Nebel im Ziel der Bergankunft sind nur eine Zahl, die dich im Homeoffice nicht frösteln lässt. Und neben der Strecke präsentieren sich plötzlich Randgeschichten, von denen zu Hause nicht einmal zu ahnen ist. Ich habe in der Bretagne mal an einer Haustür geklopft, weil mein Laptop keinen Strom mehr hatte und ich senden musste. Der Hausbesitzer ließ mich laden – und führte mich hinter seinem Haus in einen Schuppen, in dem eine riesige Sammlung historischer französischer Rennräder zu sehen war. Das war natürlich ein Zufall, aber so einer ereilt einen nicht zu Hause. Zufall war auch die Begegnung mit einem Koch in einem Hotel in Morzine, der in seiner Jugend als eines der größten Talente im Radsport in Frankreich galt, bis er sich im Alter von 16 Jahren bei einer Mutprobe auf Ski ein Knie final ruinierte. Heute steht er als Zuschauer an der Strecke und hofft wie Millionen seiner Landsleute auf den ersten Franzosen, der nach 1985 (Bernard Hinault) endlich mal wieder die Tour gewinnt.

Das sind nur zwei Beispiele, die aber eines klarmachen: Die besten Geschichten rund um den Sport kriegt nur mit, wer vor Ort und dabei ist. So sind ja auch alle Kapitel in diesem Buch erlebte Tour de France. Und deshalb hoffe ich, dass sich der Spuk von 2020 und 2021 vollends auflöst und die Tour wieder greifbar wird. Denn auch wenn vieles extrem hektisch geworden ist, selbst wenn die vielen Menschen und Autos das Rennen in ein enges Regelkonzept zwingen und einem der Stress und das tägliche Verkehrschaos mächtig auf die Nerven gehen können, ist die Tour de France immer noch eines der faszinierendsten Sportspektakel der Welt.

JÜRGEN LÖHLE

„SELBST WENN DIE VIELEN MENSCHEN UND AUTOS DAS RENNEN IN EIN ENGES REGELKONZEPT ZWINGEN UND EINEM DER STRESS UND DAS TÄGLICHE VERKEHRSCHAOS MÄCHTIG AUF DIE NERVEN GEHEN KÖNNEN, IST DIE TOUR DE FRANCE IMMER NOCH EINES DER FASZINIERENDSTEN SPORTSPEKTAKEL DER WELT."

Bibliografische Information der Deutschen Nationalbibliothek
Die Deutsche Nationalbibliothek verzeichnet diese Publikation in der Deutschen Nationalbibliografie; detaillierte bibliografische Daten sind im Internet über http://dnb.dnb.de abrufbar.

3. Auflage 2024
ISBN 978-3-667-12358-9

Text: Jürgen Löhle und Karsten Migels
Fotos: dpa/pa/ATP: Cover, S. 4 (Daniel Cole), S. 129 (Joel Saget); Getty Images: S. 88 (Ruediger_Fessel), 99 (Tim de Waele), 114 (Chris Graythen), 152 (Tim de Waele); imago sportdienst: S. 29, 167; Jürgen Löhle: S. 100; Karsten Migels: S. 106; Roth-Foto: S. 30, 36, 43, 50, 57, 58, 75, 76, 113, 130, 140, 151, 158, 168, 174; Peter Witek: S. 65, 120; Witters: S. 44
Lektorat: Klaus Bartelt, Stephanie Jaeschke, Petra Schomburg
Layout: Felix Kempf, www.fx68.de
Lithografie: scanlitho.teams, Bielefeld
Gesamtherstellung: Die Werkstatt Medien-Produktion GmbH, Göttingen
Printed in Latvia

Delius Klasing Verlag GmbH
Siekerwall 21, D-33602 Bielefeld
Tel.: 0521/559-0, Fax: 0521/559-115
E-Mail: info@delius-klasing.de
www.delius-klasing.de

MIX
Papier | Fördert gute Waldnutzung
FSC® C084698
FSC www.fsc.org